めちゃ硬《かた》さんのための
誰でも柔《やわ》らかくなるストレッチ

梅野めう 著

理学療法士
柿澤健太郎 監修

彩図社

のび〜
あ゛だだ

どよ〜ん
頭ズキズキ
ナ〜ン……
肩ガチガチ
エナジー
たった
1ヶ月のストレッチで!!
だっこだっこ〜

はじめまして、全身めちゃ硬人間の梅野です！
腰イタいからだっこがマンね～
ゴメンよ
ナーン…
8Kg
10代の頃から、体中のコリや痛みに悩まされてきました……
ちなみに人生で運動をしていたのは体育の授業くらい……
整体でもマッサージでも言われる事はいつも同じ……
ストレッチしてくださいね
おうちでも
わかってます！わかってるんです！けど……
はーい
ストレッチができないんです!!

TV
SNS
色々チャレンジはしてみたのですが…
あれ…？できない…
え、コレ皆できるもの？
ん？？？
!?
すごい痛い…続けて大丈夫？
もしや体が硬すぎてスタートラインにすら立ててない……!?
コレが限界なんです
ダメだこりゃ…死ぬ
70°
手が届く気配全くなし……

あきらめニャいで!!
プナーン
どうも!
理学療法士の柿澤にゃ!!
ねこちゃんの体をお借りするにゃ!!
ねこちゃんの抱っこしてほしい気持ちがボクを呼び寄せたにゃ!!
しゃべった!?
そうなの〜!? ゴメン…
その腰の痛みストレッチでなんとかなるにゃ!!
ボクは日本だけじゃなくて海外でも施術経験がある理学療法士にゃ体を楽にできる方法を教えるにゃ!!
へぇ〜

正しいストレッチをすれば誰でも柔らかい体になれるニャ!!
体は柔らかくなると動きやすくなって調子もよくなるんにゃ!!
「正しいストレッチ」ってのが分からないし
うじうじ
お手本みたいにペターと開脚とかできる気がしないよ～
それは大きなまちがいにゃ!!

「ベター」と柔らかくなる必要は
全くないにゃ!!
むしろ無計画に
ただ柔らかくするのは
体に良くないにゃ!!
すご〜く体が柔らかい
=
すご〜く健康な良い体
ではないニャ!!
なるほど
体には
硬くあるべき関節(スタビリティ)と
柔らかくあるべき関節(モビリティ)
があるんだにゃ!!
硬くあるべきところまで
クニャクニャに緩んでしまうと
ケガの基《もと》になるにゃ!!
やわらかくするべき部分だけ
ストレッチすればいいにゃ!!

わ〜そう言われると気が楽になるね〜
梅さんは健康な体を目指しているんだにゃ？大道芸人目指してないにゃ？
そうね〜人並みに健康な感じで歳を取れたらいいな
人間になりた〜い
ふむふむ
30代になって急激にガタがきてるみたいだにゃ〜
なぜそれを!?
最近抱っこが少ないからわかるにゃ
namozn
ちなみに
50代でさらにもう一波くるにゃ!!
ガーン

ど、どうしよう……
歳を重ねる毎に膝や腰が硬くなる
さらに、筋力は何もしていないと50代で一気に低下するにゃ
そこで!! ストレッチにゃ!!
ストレッチをしてモビリティとスタビリティの整った体を作っていれば波を和らげられるにゃ
人の体も消耗品だもんね～
まずは今!!
健全な体をめざすストレッチ教えるにゃ～!!
はーい

ストレッチを始める前に

①注意してほしい方

現在・過去に骨折、靭帯《じんたい》損傷、リウマチなど、骨に影響する疾患をお持ちの方は医師に相談してから行なってください。

②ストレッチの回数について

毎日1回、もしくは週3回・1日2回行なっていただくと効果的です。(回数が多い方が柔らかくなります)
1つのストレッチは20秒を2～3回ですので、1分程度から始められます！

③継続のコツ

継続することに意味があるので、ポジティブに「気持ちいいな～」と感じる事が重要です。楽しみながら行なえると良いですね。「ながら」で行なうと習慣化しやすいでしょう。TVを見ながら、お風呂に入りながら、仕事しながらできるストレッチも紹介しますので、参考にしてください。

めちゃ硬さんのための 誰でも柔らかくなるストレッチ もくじ

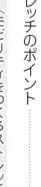

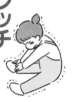

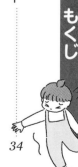

STAGE 2

姿勢を整えるストレッチ

STAGE 3

もっと体が整う初級体操

STAGE 4
日常に取り入れたいストレッチ

STAGE 5
不調を解消するストレッチ

STAGE 0

体を知るための自己診断

自己診断をやってみよう!!

自己診断では
さっき説明した
「モビリティ」と
「スタビリティ」を
チェックできるにゃ！
「モビリティ」と
「スタビリティ」って
なんでしたっけ？
「モビリティ」は「MOVE」＝動く
つまり、柔らかくあるべき部分
にゃ
「スタビリティ」は「STAY」＝安定
つまり、硬くあるべき部分
自己診断は
全部で５つ
足首、股関節、胸椎《きょうつい》、肩
をチェックできる
４つの小テストと
フムフム
全体をチェックできる
大テストが１つにゃ!!
1
4
5

\check/
自己診断

〈小テスト①〉

足首のしゃがみ込みテスト

1 膝関節（お皿）と足先がまっすぐの状態で、足を肩幅に広げて立つ。

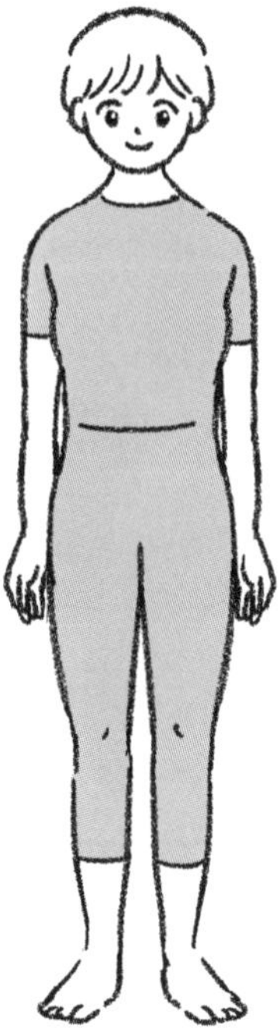

2 そのまま下にしゃがみ込む。

手は伸ばしたままでも、膝を抱え込んでも、やりやすい方で大丈夫です

【チェックポイント】

OK かかとを床につけてしっかりしゃがみ込めた人は○

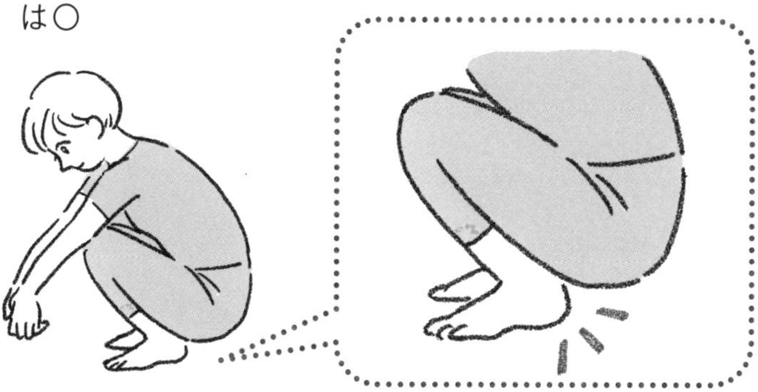

NG しゃがみきれなかったり、後ろに倒れてしまった人は×

自分の結果を書き込んでおこう!

1回目(　月　日)	2回目(　月　日)	3回目(　月　日)

○…OKの形にできた
△…完ぺきではないがOKに近い
×…NG、もしくはNG寄り

\check/
自己診断

股関節の屈曲《くっきょく》テスト

〈小テスト②〉

1 仰向けに寝転がる。

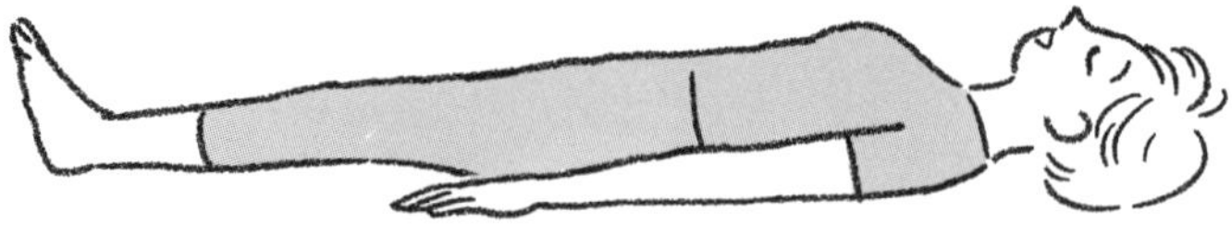

2 太ももを体に寄せて両手で抱えこむ。

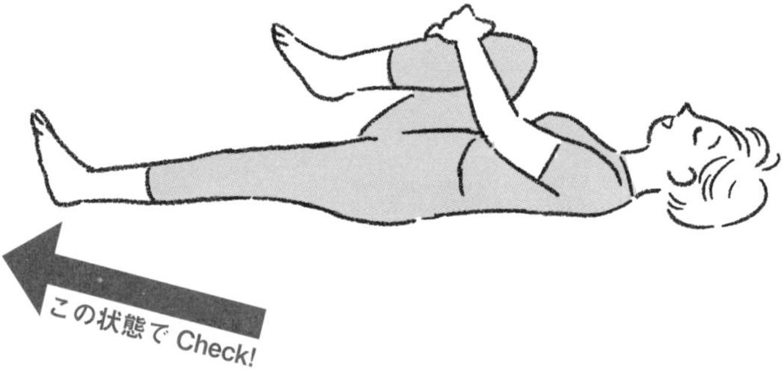
この状態で Check!

3 反対側の足も同様に行なう。

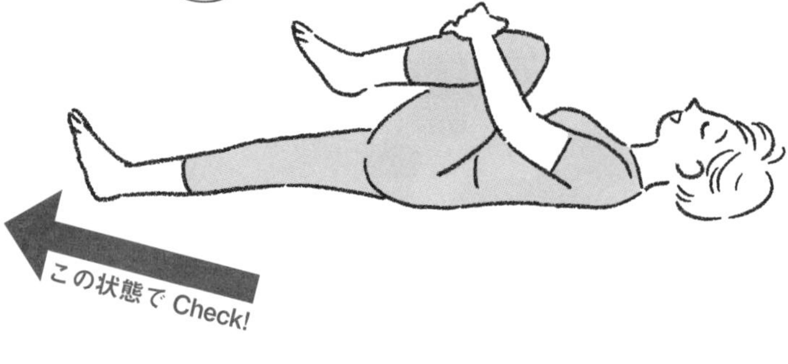
この状態で Check!

【チェックポイント】

OK　片足を持ち上げた際に反対の足のふくらはぎが床についた状態を維持できれば○

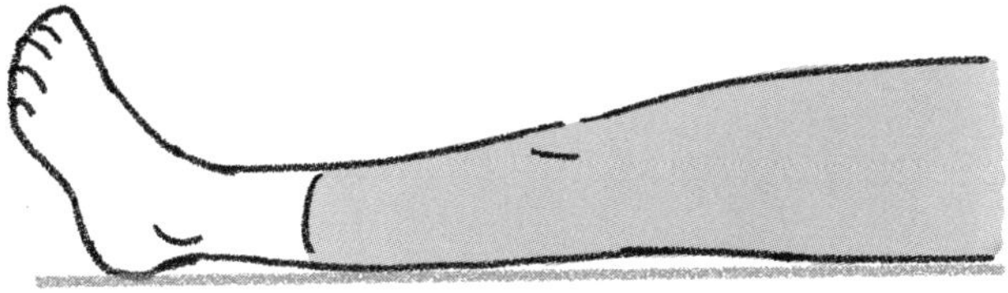

NG　片足を持ち上げた際に、反対の足がついてくる(浮いてしまう)と×

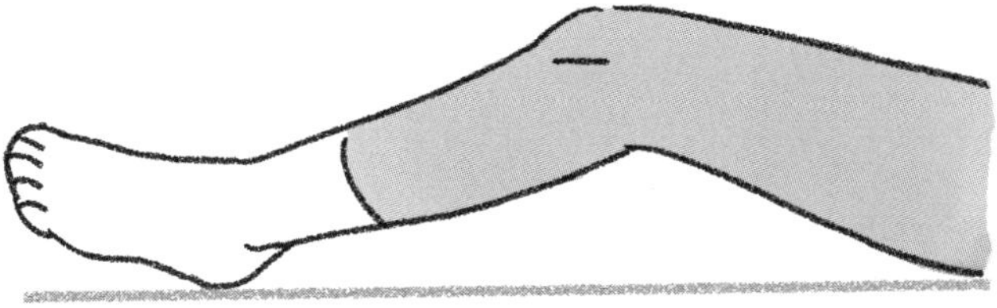

自分の結果を書き込んでおこう!

1回目(　月　日)　2回目(　月　日)　3回目(　月　日)

○…両足ともOKの形にできた
△…片足しかできなかった
×…両足ともNG、NG寄りだった

\check/
自己診断

背中を反るテスト
〈小テスト③〉

1 膝関節（お皿）と足先がまっすぐの状態で、足を肩幅くらいに広げて立ち、手を前で組む。

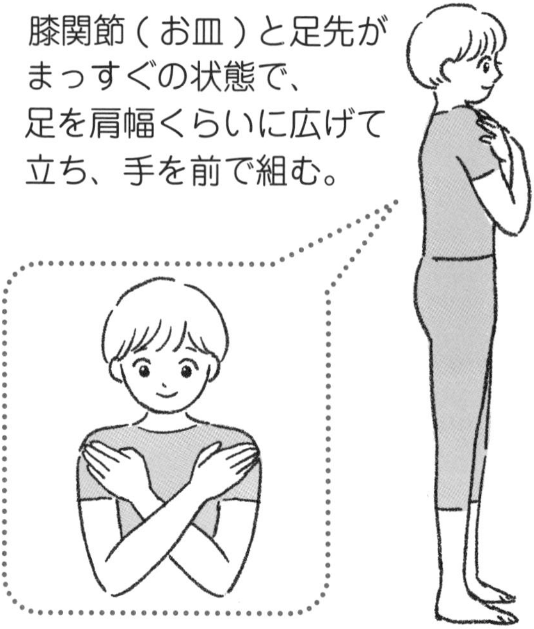

2 背骨を弓なりに反る。
（理想はフィギュアスケーター）

【チェックポイント】

OK 肩甲骨のあたりまで全体的に弓なりに反れれば○

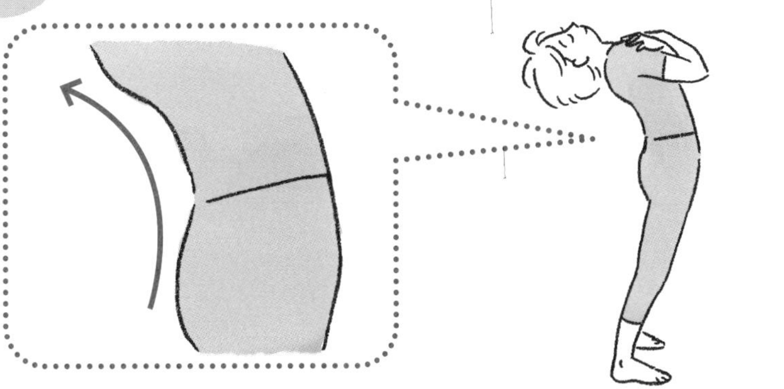

NG 腰しか反れていない、
膝だけで反っている、
首だけで頑張っている
場合は×

自分の結果を書き込んでおこう!

1回目(　月　日)	2回目(　月　日)	3回目(　月　日)

○…OK の形にできた
△…完ぺきではないが OK に近い
×…NG、もしくは NG 寄り

\check/

自己診断

〈小テスト④〉仰向け肩上げテスト

1 寝転がって膝を立てる。

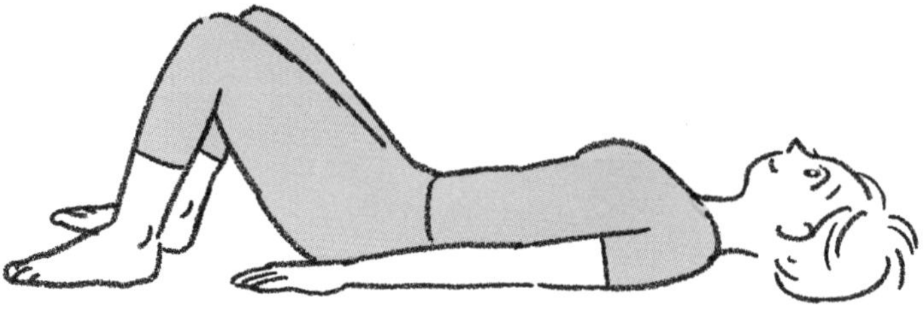

2 腕を頭の方へ垂直に伸ばし、
バンザイの体勢をとる。

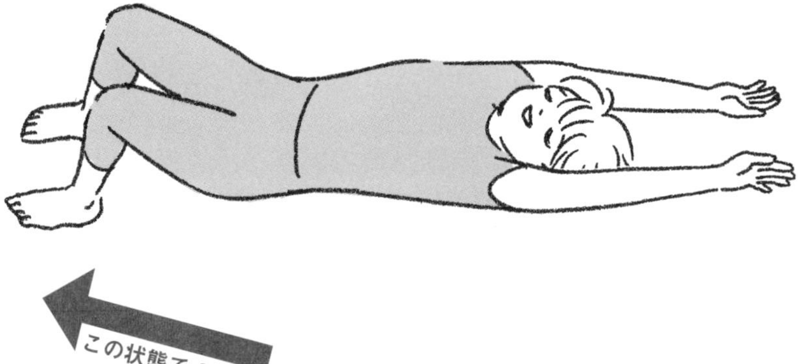

【チェックポイント】

OK 前腕が床にしっかりつけば○

NG 前腕が床につかないときは×

自分の結果を書き込んでおこう!

1回目(　月　日)　2回目(　月　日)　3回目(　月　日)

○…両腕ともOKの形にできた
△…片腕しかできなかった
×…両腕ともNG、NG寄りだった

\check/

自己診断

〈大テスト〉肩バンザイしゃがみ込みテスト

1 タオルを肩幅に持ち、足も肩幅に広げて立つ。つま先は前に向ける。

2 手を真上に上げたまま、背中が丸まらないように注意してしゃがみ込む。そのまま 10 秒キープ。

最初の 10 秒は筋力で耐えられるので、正確な様子がみられないため、10 秒後の状態がどうであるかで判断します

この状態で Check!

辛い人は分厚い雑誌などを足の下に挟んでもOK

【チェックポイント】

OK

無理なく背中が
丸まらず反ったまま、
手もまっすぐに
伸ばしていられれば○

NG

しゃがみ込めなかったり、
踵が浮いてしまったり、
後ろにひっくり返ってしまったり、
背中が曲がってしまったり、
手が下がってしまったら×

自分の結果を書き込んでおこう!

1回目(　月　日)	2回目(　月　日)	3回目(　月　日)

○…OKの形にできた
△…完ぺきではないがOKに近い
×…NG、もしくはNG寄り

自己診断の結果

すべて×
➡めちゃめちゃ硬さん

○が１つ以下
➡めちゃ硬さん

○が２つ以上４個以下
➡硬めさん

?

すべて○
➡柔らかさん

ぺたり

パシャッ
自分でチェックするときは、スマホなどで動画や写真を撮ってチェックしてみてね！

みなさんは結果どうでしたかにゃ？
小テストは、足首、股関節、胸椎、肩のモビリティのチェックができて
①
②
③
④
大テストは、モビリティ全部を一気に動かすことができるのかと
大
5
スタビリティのチェックができるにゃ！
このテストが全部できた人は柔らかさん、苦しいものがあった人は硬いところがあるにゃ〜
やっぱりめちゃ硬だった〜

それだけじゃないにゃ
梅さんは大テストですぐへばってたにゃ!
ふにゃ
ゼロ
つまりスタビリティが無にゃ!
無!?
え!!
これって、ストレッチで解決できるもの!?
脅してごめんにゃ大丈夫にゃ
モビリティとスタビリティどちらも整った体をつくるストレッチを紹介するから安心するにゃ
よかった〜
正しいストレッチをすればどんな人でも体の調子がよくなるので是非やってみてほしいニャ
早速やってみよう
ビューン

STAGE 1

体を柔らかくする ストレッチ

どれくらいやればいいの？

モビリティをつくるストレッチの組み合わせ方

自己診断で出来なかった所をやるので、例えば、梅さんの場合は……

小テスト①足首しゃがみ込みテスト・・○▶①P36-37／⑤P48-49　やらなくてもOK

小テスト②股関節の屈曲テスト・・・・△▶②P38-39／⑥P50-51　やる！

小テスト③背中を反るテスト・・・・・×▶③P40-41／⑦P52-53　やる！

小テスト④仰向け肩上げテスト・・・・×▶④P42-43／⑧P54-55　やる！

ところで…
毎日やらなきゃダメですよね……
もちろん毎日やれたら最高にゃ！
けど人間は猫と違って忙しいからにゃ〜
無理はしない!!
気ラクに
最低週の半分　3日以上できればOKにゃ！
やるニャ
先生〜　やさしい〜
とはいえおすすめは毎日にゃ！
毎日やっていくと、
「歯磨きしないと気持ち悪いなぁ」と思うのと同じくらい当たり前の習慣になっていくんにゃよ〜

ストレッチのポイント

ストレッチを始める前に
大事なポイントを説明するにゃ！

キツくない服装で行ないましょう

のびのび〜
ゆるゆる〜

無理せずに
「気持ちいいな」「効いてるな」
程度で行ないます

痛すぎはダメ!!
きもちいー!

1回20秒を基準に行ないます

長時間ずっと伸ばすよりも
短時間を繰り返す方が
効果的にゃ！
20
やりすぎない!!

ストレッチは呼吸をしながら行ないましょう

伸ばした後は、次の部位に進む前に
いったん力を抜いてほぐしましょう

筋肉痛のときでも続けて大丈夫！

ちなみに、
入浴後と起床後が
オススメにゃ！

・入浴後：体が温まって柔らかくなりやすい
・起床後：寝起きの体をほぐしてスッキリ！

\stretch/

1~2週目

〈モビリティをつくるストレッチ①〉

アキレス腱伸ばし

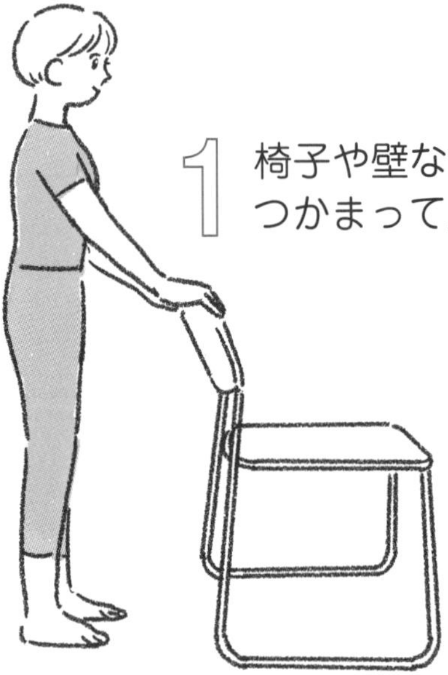

1 椅子や壁などに
つかまって立つ。

2 アキレス腱を伸ばす。
20 秒ストレッチを
行なったらその場で
足踏みを５回ほど行ない、
再びストレッチを
行なう。

3 片足を３回行なったら、
反対の足も同様に行なう。

20秒×3回×左右

Point

ここを
意識しよう！

歩くと疲れやすい部位なので、ストレッチ前に軽くマッサージをすると効果的です

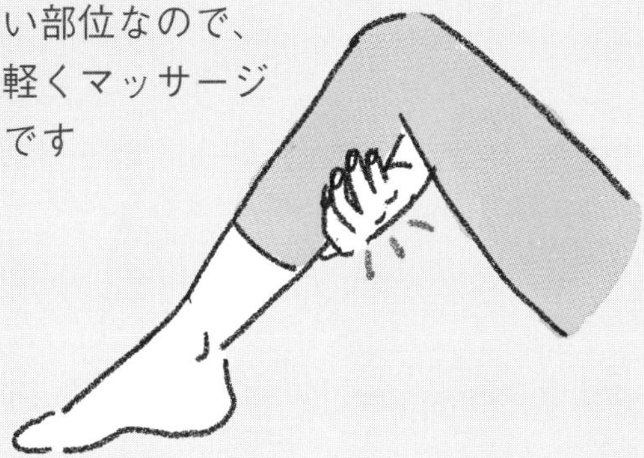

NG

こうならないよう
気を付けて！

踵《かかと》が浮かないように注意

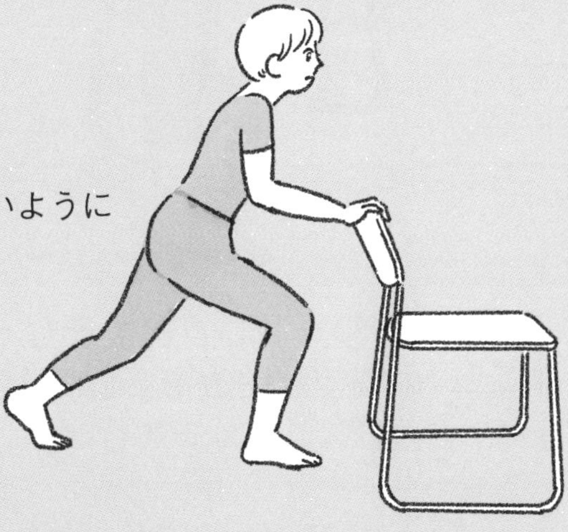

勢いよくやりすぎると痛めやすいので注意しましょう

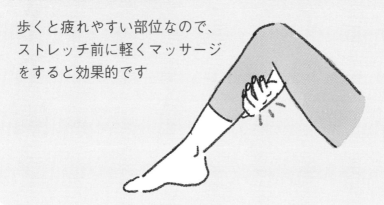

\stretch/

1~2週目

〈モビリティをつくるストレッチ②〉

もも前ストレッチ

1 立って片手で椅子などにつかまり、片足の踵がお尻につくように持ち上げる。

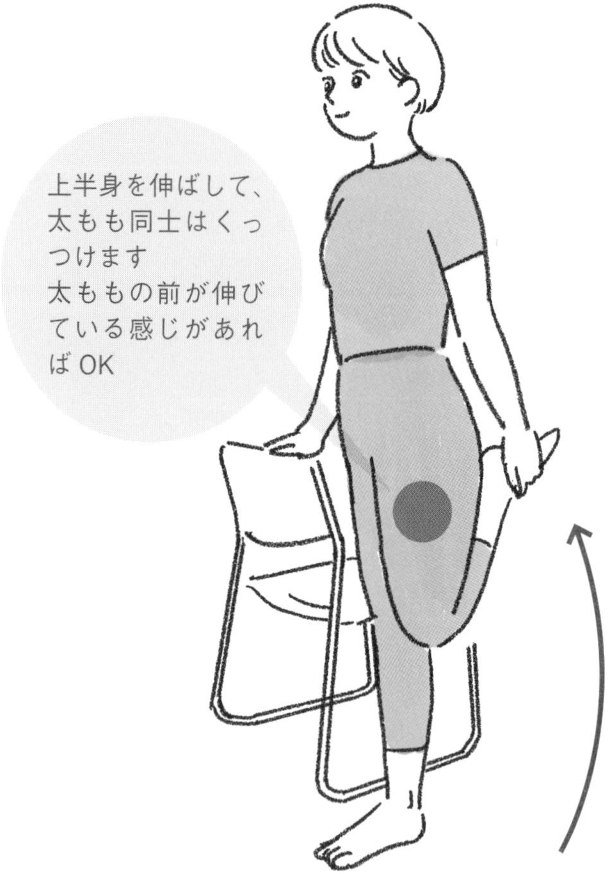
上半身を伸ばして、太もも同士はくっつけます
太ももの前が伸びている感じがあればOK

2 20秒ストレッチを行なったらその場で足踏みを5回ほど行ない、再びストレッチを行なう。

3 片足を3回行なったら、反対の足も同様に行なう。

20秒×3回×左右

NG

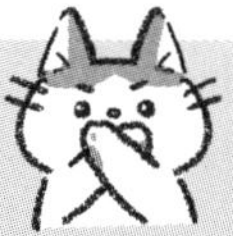

こうならないよう
気を付けて！

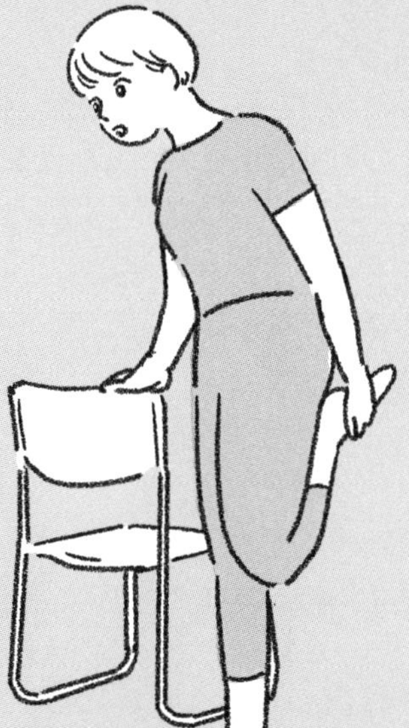

背中が丸まって
しまわないよう
注意

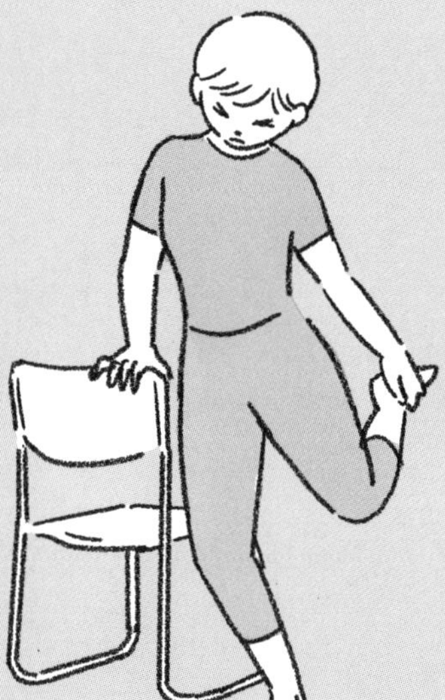

太ももが離れて
しまわないよう
注意

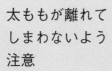

\stretch/

1~2
週目

〈モビリティをつくるストレッチ③〉
背中が伸びるカエルポーズ

1 割座《わりざ》（イラストのような座り方）、もしくは正座をする。

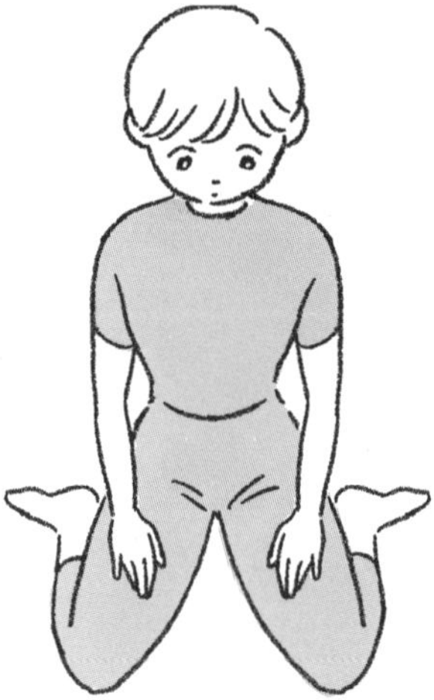

2 そのままペタンと前に倒れて20秒間ストレッチを行なう。

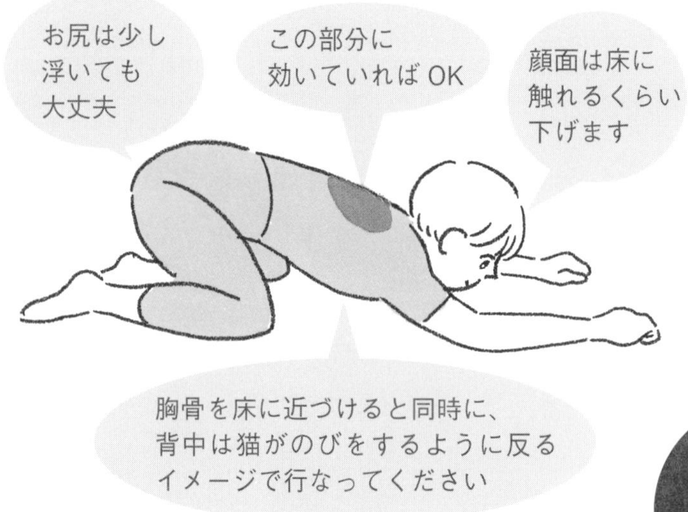
お尻は少し
浮いても
大丈夫
この部分に
効いていればOK
顔面は床に
触れるくらい
下げます
胸骨を床に近づけると同時に、
背中は猫がのびをするように反る
イメージで行なってください

3 これを3回繰り返す。

20秒
×
3回

Point

ここを
意識しよう！

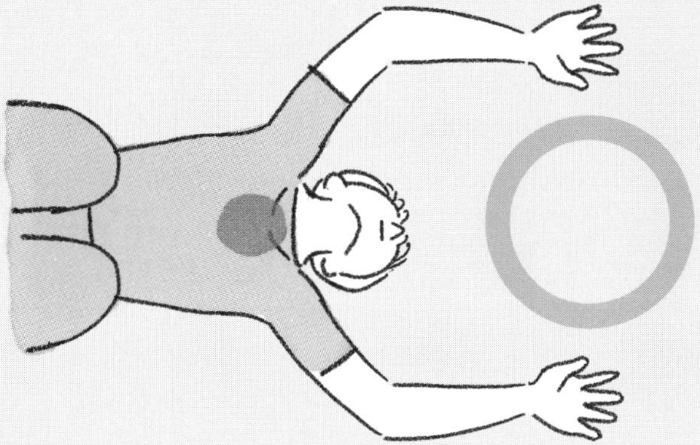

胸骨(ピンク色の部分)を床につけるようにしましょう

NG

こうならないよう
気を付けて！

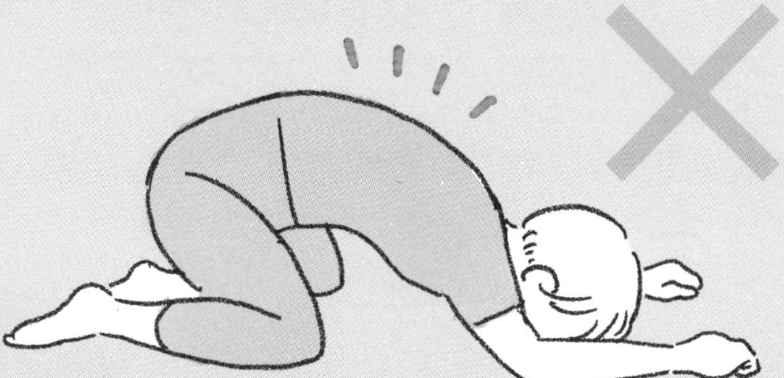

背中が丸まらないように注意しましょう

\stretch/

1~2週目

〈モビリティをつくるストレッチ④〉

片手持ちバンザイ

1 座る(床でも椅子でもOK)。

2 片手の手首を反対の手でつかんでバンザイし20秒維持する。

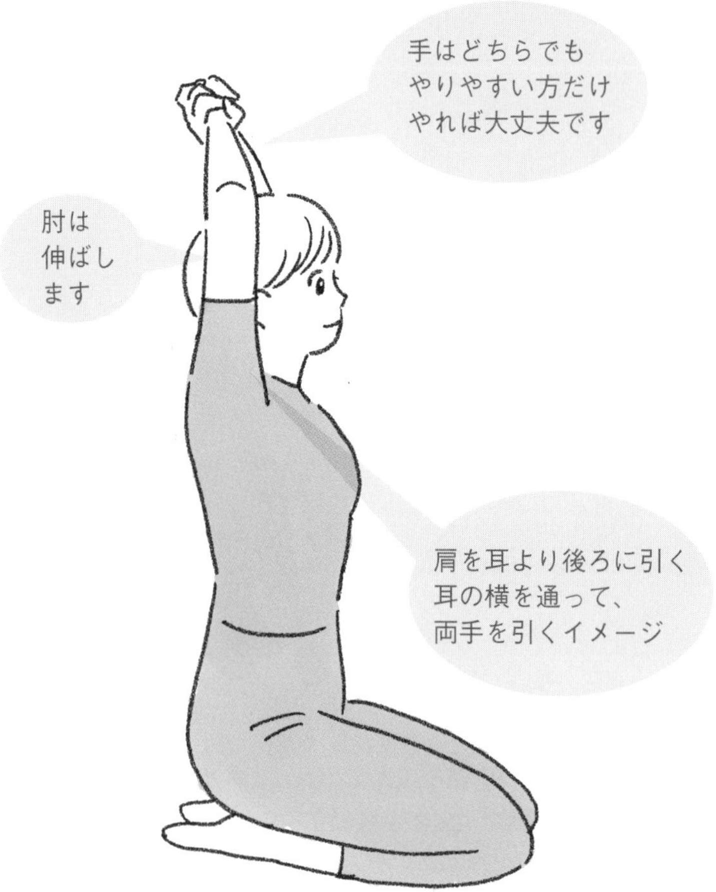
手はどちらでも
やりやすい方だけ
やれば大丈夫です
肘は
伸ばし
ます
肩を耳より後ろに引く
耳の横を通って、
両手を引くイメージ

3 これを3回繰り返す。

20秒×3回

NG

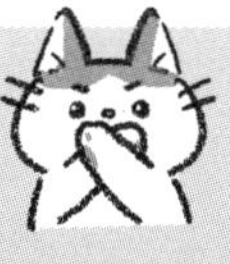

こうならないよう
気を付けて！

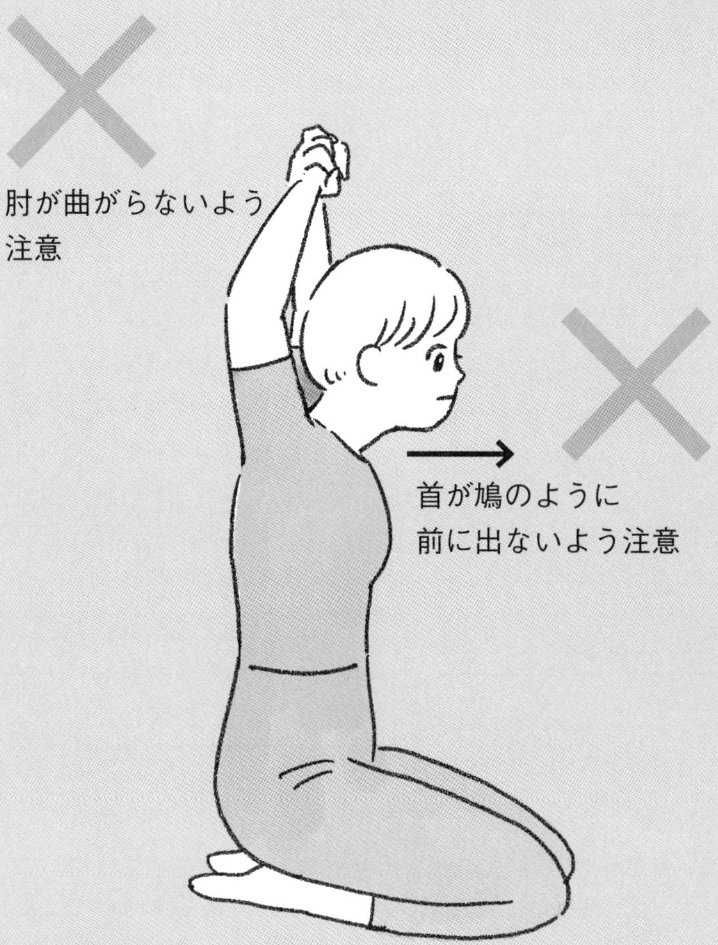
肘が曲がらないよう
注意
首が鳩のように
前に出ないよう注意

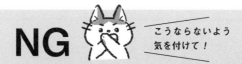

2週間やってみました！

ひとまず2週間続けてみてどうかにゃ？
お礼のにぼしです
やってみると続けられるもんだね！
全メニューやってみたけど、まだ体調変化はよくわかんないな～
にぼし
うみゃうみゃ
きちんと続けられてエラいにゃ！色々工夫したんじゃないかにゃ？
え～とね……
にぼし
いつも三日坊主なので、何か対策をしなくては！と思ったので……
やったよ！と報告する人をつくってみました
友達のLINEグループに報告をしたり……
やりました
友
えらい
こんなことに付き合ってくれるやさしい友…
うめう@ume
3日目できました！ふくらはぎが筋肉痛
Twitterに記録メモを残してみたり…

そして、筋トレ用のカウントタイマーアプリを使いました!
オリジナルのセットメニューが作れて便利!!
自分でカウントしなくていいからながらで出来る!
20秒
3回
2セット
スタート
気合を入れて買ったヨガマットは出し入れが面倒になり……
カーペットの下にヨガマットを敷いて
ズボラですみません…
ココ
敷っぱなしに! 万年床ならぬ万年ヨガマット完成
ホットカーペットは溶けるかもしれないので注意!
眠すぎる時は布団の上でやったりも!
そして寝落ち
夏場は汗をかくこともあるので(特に大テストは全身動かすので)嫌な人はお風呂前の方がいいかもです
そんなこんなでユルユルとなんとか2週間続きました〜!

敷っぱなしにしても可愛いデザイン、絨毯柄とかのヨガマットもありました!

関節のおはなし

2週間よく
がんばったにゃね〜！
次の3〜4週目は関節を
ダイナミックに使った
メニューにしたにゃ！
ダイナミック!?
みょ〜〜ん
ところで関節って
何が大事なの？
そういえば説明
してなかったにゃ〜
関節が硬い人はとっても
ケガしやすいんにゃよ〜
関節は体の要！
関節が柔らかい人は
重力に抗して
その力を軽くいなせるけど
硬い人はそれができずに
転んでしまうにゃ！
確かに私よく転ぶし
実は階段から落ちて
入院した事も
あるんですよね…
…
よし!!
はりきって
いくにゃー！
ファイヤー!!

モビリティとスタビリティにまつわる関節を紹介するにゃ！

(モ)…モビリティにまつわる関節
(ス)…スタビリティにまつわる関節

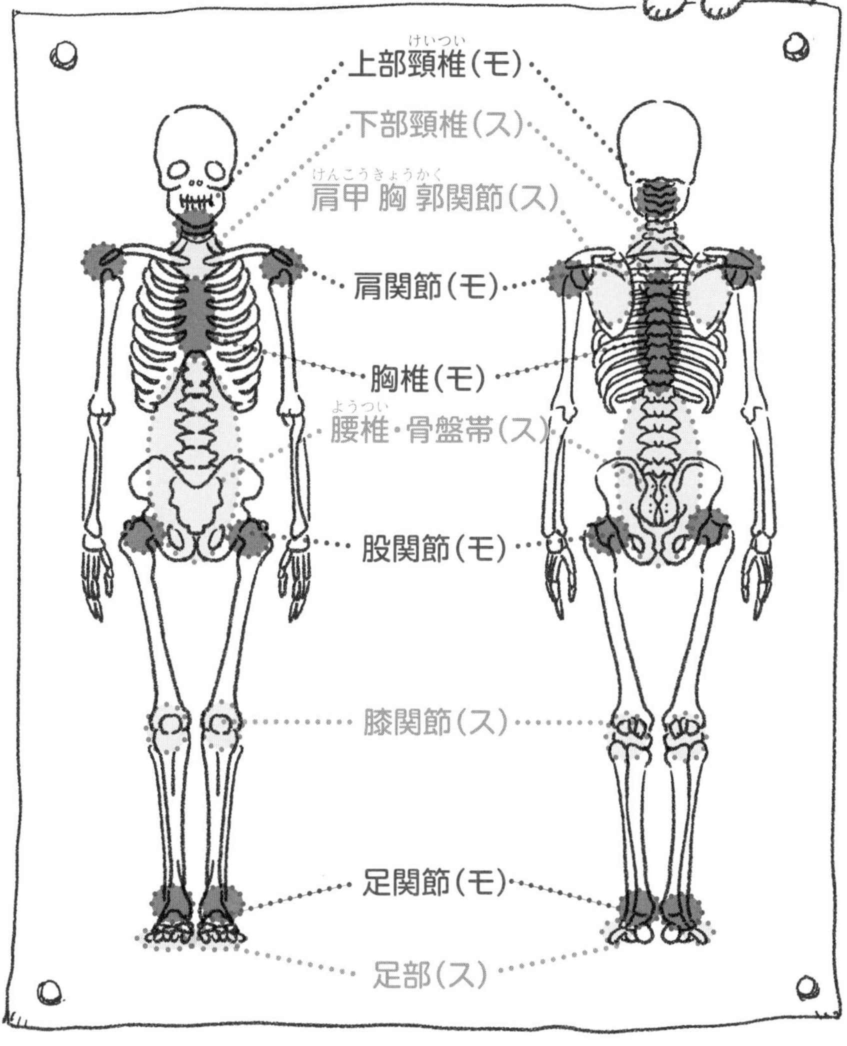

上部頸椎《けいつい》(モ)
下部頸椎(ス)
肩甲胸郭《けんこうきょうかく》関節(ス)
肩関節(モ)
胸椎(モ)
腰椎《ようつい》・骨盤帯(ス)
股関節(モ)
膝関節(ス)
足関節(モ)
足部(ス)

\stretch/

3~4週目

〈モビリティをつくるストレッチ⑤〉

股関節前ストレッチ

1 椅子や壁などにつかまって立ち、
アキレス腱伸ばしのポーズをとる。

2 鼠径部《そけいぶ》を伸ばすことを意識しながら
下に沈み込む。

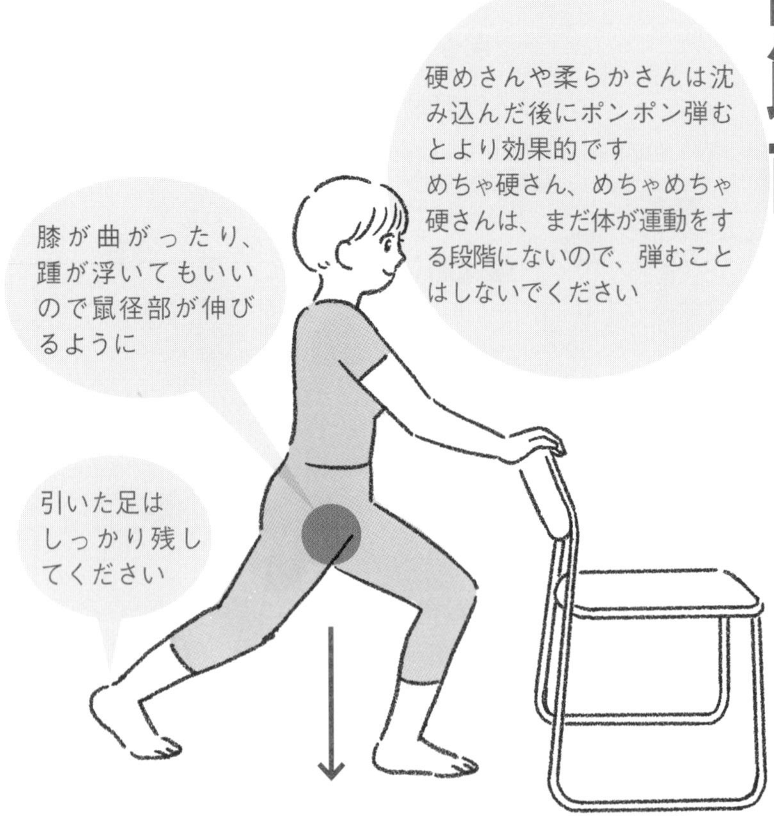
硬めさんや柔らかさんは沈み込んだ後にポンポン弾むとより効果的です
めちゃ硬さん、めちゃめちゃ硬さんは、まだ体が運動をする段階にないので、弾むことはしないでください
膝が曲がったり、踵が浮いてもいいので鼠径部が伸びるように
引いた足はしっかり残してください

3 片足を20秒行なったら
反対の足も同様に行なう
これを3回繰り返す。

20秒×左右×3回

NG

こうならないよう
気を付けて！

前に体重を
かけてしまわないよう
注意

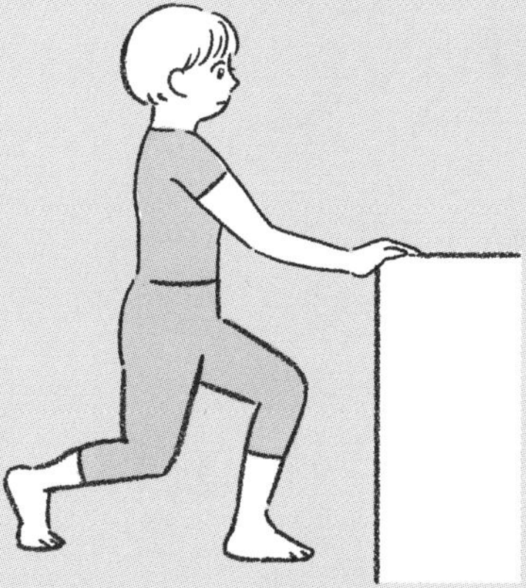

足が後ろに引き切れ
ていないようになら
ないよう注意

体が丸まって
しまわないよう注意

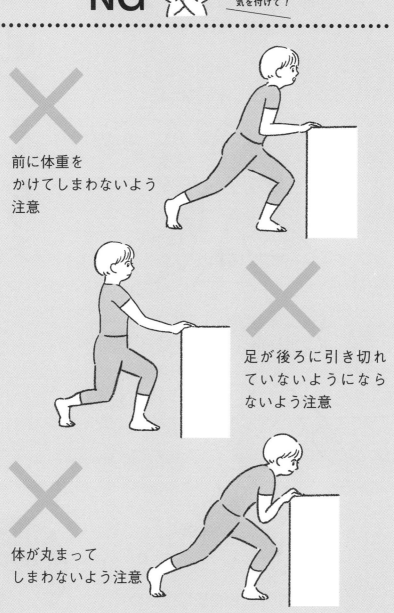

\stretch/

3~4
週目

足首ストレッチ

〈モビリティをつくるストレッチ⑥〉

1 しゃがみ込み、片足をついて
足首に重心を乗せて体重をかけ、
20 秒立ったら戻す。
これを３回繰り返えす。

脛《すね》ではなく、足首に圧を感じるように出来るとよいでしょう

2 足首に体重がかかるように
ポンポンポンっと 20 回バウンドする。

ストレッチで可動を良くした後に弾むことで、運動ができる足首がつくれます

3 反対の足も同様に行なう。

20秒×3回
＋20回
×
左右

NG

こうならないよう
気を付けて！

Point

ここを
意識しよう！

しゃがんだ時に足首がなるべく外に向かないようにしましょう

※硬い人は外に向けた方が最初はやりやすいので絶対向けてはいけない訳ではありません

×

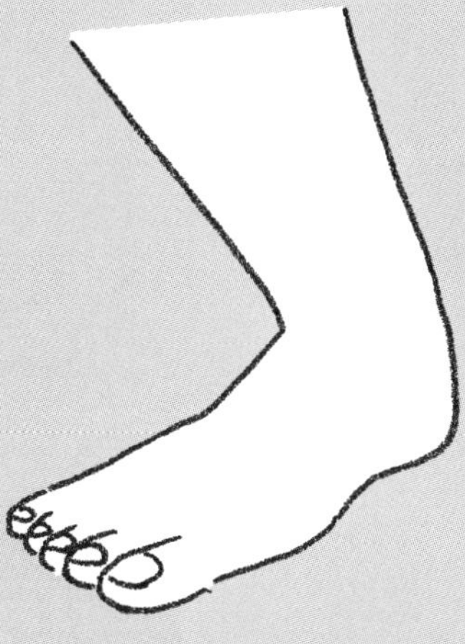

○

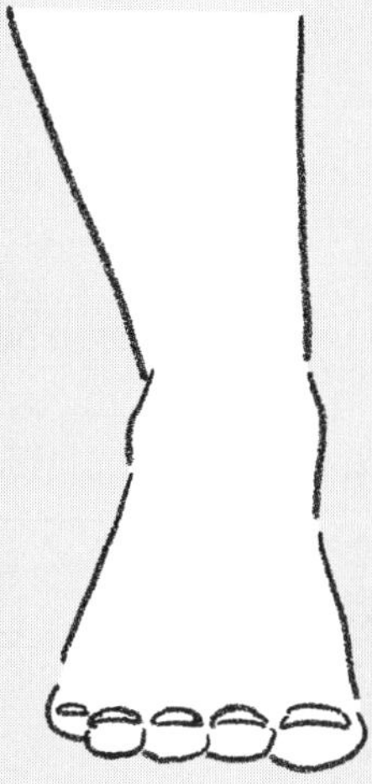

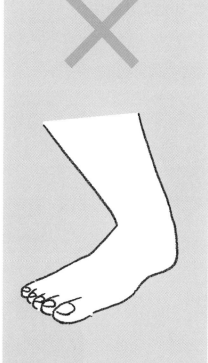

\stretch/

3~4週目

背中伸ばし

〈モビリティをつくるストレッチ⑦〉

1　2リットルのペットボトルをタオルなどで包む。

2　1が肩甲骨の下あたりにあたるように寝転び、20秒維持する。

あてる位置を前後に多少変更するとよいでしょう
膝は立てます
手は楽にバンザイした状態にします
慣れてきたらあてる位置を上に移動してみましょう
お尻は床につけます

20秒×3回

3　2を3回繰り返す。

Point

ここを
意識しよう！

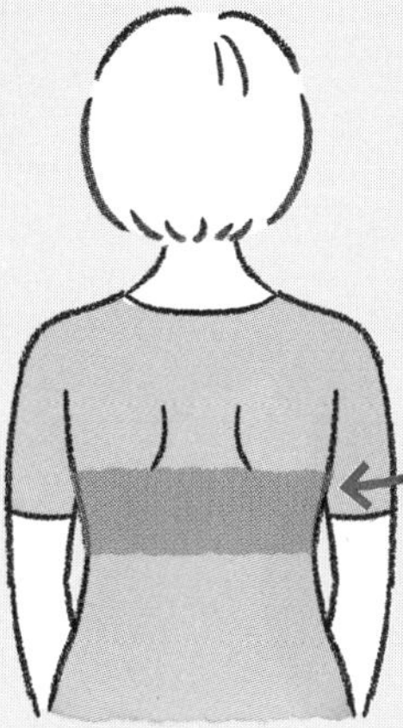

**ペットボトルをあてる場所は
肩甲骨の下（ブラ紐の下）あたり**

きつすぎる場合はタオルを
薄いものに、
逆にあまりきつくない場合
はタオルを厚いものに、
変えてみてください

NG

こうならないよう
気を付けて！

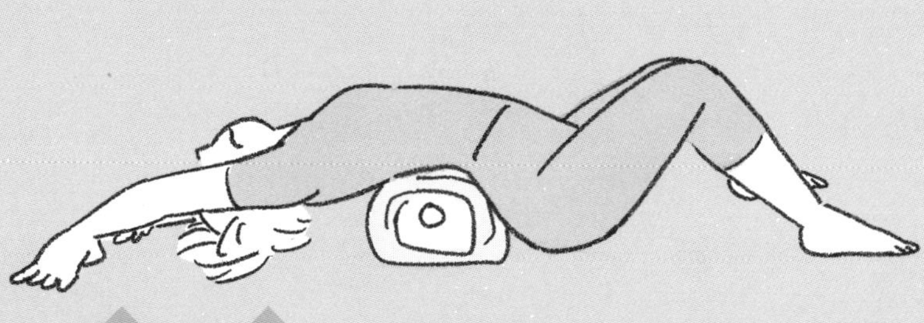

**ペットボトルを下にあてすぎて
腰が反らないように注意**

\stretch/

3~4週目

〈モビリティをつくるストレッチ⑧〉

両手タオルバンザイ

1 座る（床でも椅子でもOK)。

2 タオルを肩幅より広めにつかみ、耳の後ろまで行くようにバンザイし、20秒維持する。

3 2を3回繰り返す。

20秒×3回

NG

こうならないよう
気を付けて！

両肩を後ろに引いた時に首が前に出ないように注意

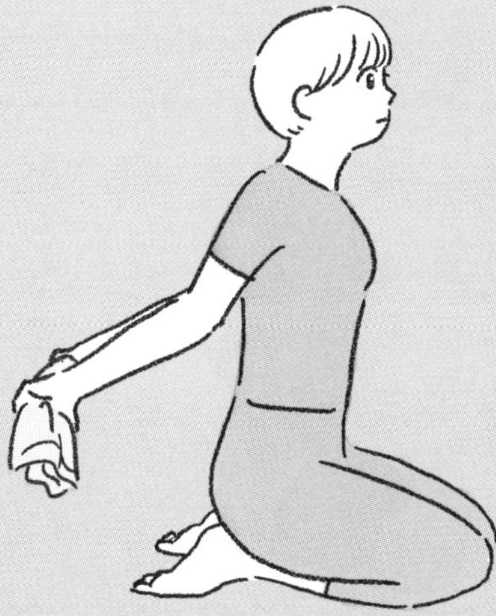

背中まで手が楽に回ってしまうときはタオルの持ち幅を狭めましょう

1か月お疲れ様にゃ!!
1か月やってみてどうだったかにゃー?
酷かった肩こりがよくなってきたよ!
おもい゛〜
寝起きは、悪霊に取り憑かれてるのかってくらい体が重かったんだけど……
・・・
すっ
スッと起きられるようになったの〜
あさごはん〜
ストレッチの効果が出てるようだにゃ!!
そこでにゃ!!
ここでもう一度自己診断テストをやってみるにゃ〜
P18〜P27
①
②
③
④
大テスト
そっか!! テストでまたチェックすればどれくらい変わったかわかるね〜

梅さんの結果発表！

1ヶ月前　→　現在

〈小テスト①〉足首しゃがみ込み

〈小テスト②〉股関節の屈曲

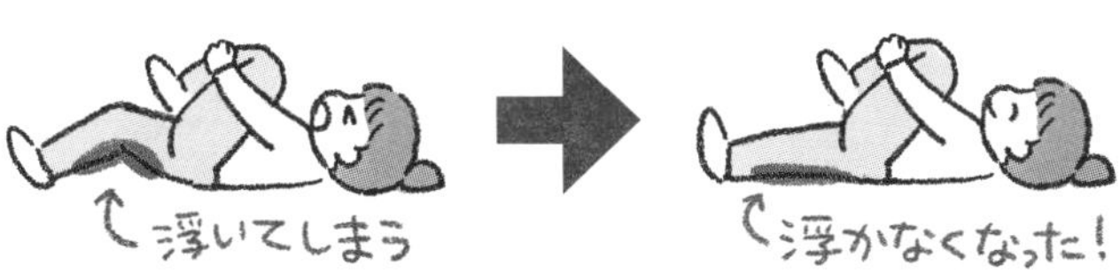

〈小テスト③〉手を前でクロスして背中を反る

〈小テスト④〉仰向け肩上げ

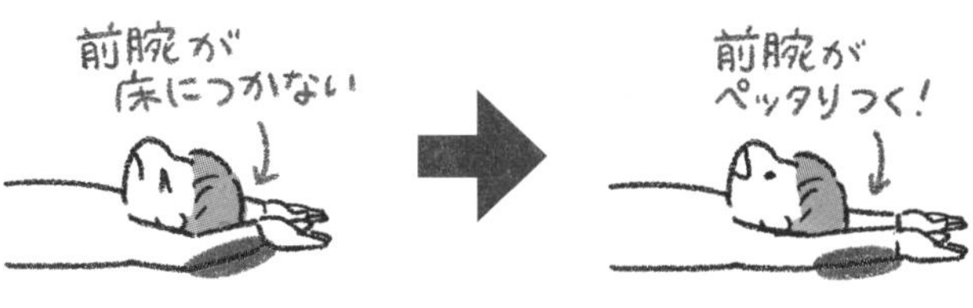

〈大テスト〉肩バンザイしゃがみ込み

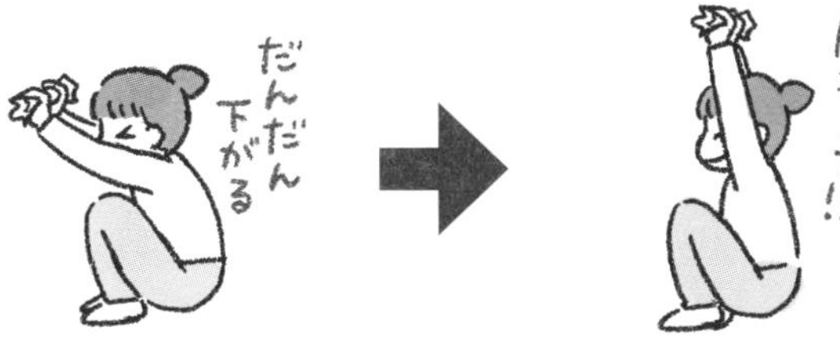

え!?
めっちゃ柔らかくなってる!!
ほんとだにゃ!! がんばったにゃー!! すごいにゃ!!
スッ
あ!! 足かるくなった
①足首しゃがみ込みは、
元々他の部位よりは酷くなかったけど、
楽々しゃがみ込めるようになったにゃ！
右
GOOD!
左
ちょっと浮いてる
②股関節の屈曲は、
オマケで○にゃ！右側はよくなってる
けど、左側が微妙だにゃ～
がんばる
③手を前でクロスして背中を反るは、
背中がちゃんと反るようになったにゃ～
ちょっと苦しそうだからもうひと頑張り
にゃ！
すごーい! 気づいてなかった!
④仰向け肩上げは、
左はOK！
右は前腕が浮き気味だけど、とっても
よくなってるにゃ

大テストもとてもいいにゃ！
背筋が伸びるようになって手も上がってるにゃ動きとして全体的によくなってるにゃ！
わーい
実はラストの2週間酷い生活だったから心配してたんだ……
AM
このままデスクでねる…
たしかに悲惨だったにゃ……
最初の2週間ほどしっかり毎日全メニューのストレッチできなかったし……
のろのろ
ヨロヨロ
@meuun-
今日はサボってねます〜
ストレッチしたまま朝まで・・・
それでもコツコツ続けたから結果はしっかり出てるにゃ！
動ける体になってきた梅さんは次のステップもいけそうにゃ！
次はさらに重要な「姿勢」について教えるにゃ！

Kakizawa's COLUMN 1

モビリティ関節とスタビリティ関節の考え方と本書での扱い

本書ではたびたび、「モビリティ」「スタビリティ」という言葉が登場しますが、本来この考え方は、ダイナミックな動きの多いスポーツの現場において、ケガの予防やパフォーマンスの向上を目的として使用される「Joint by Joint セオリー」という考え方を応用したものです。

関節の解剖学、運動学を考慮した機能的な動き（モビリティ関節、スタビリティ関節）を手に入れる方法を、スポーツをあまり行なわない人やこれからストレッチを始めようと考えている人にご紹介するのには訳があります。

それは、ただ「柔らかくなる」事を目的とするのではなく、体のプロの理学療法士の目線から見た、「日々元気でいられる体」や「将来、節々に痛みが出ない体」、または「生き生きとした機能的な体」を手に入れることの方が、皆様にとっても良いことだと考えたからです。

そのため本書では、この考え方を、体が硬く、ストレッチを行なうにしても何から取り組めばいいのだろうという人に向けての1つの提案として取り上げました。

なぜ、体が硬い人がストレッチをするにあたりモビリティ関節とスタビリティ関節を意識した方が良いのか、その理由は姿勢にあります。

詳しくはSTAGE2の姿勢編で解説しますので是非ご覧ください！

STAGE 2

姿勢を整える ストレッチ

猫背をなんとかしたい!

「姿勢」のお話をするにゃ
すっ
「姿勢よくしなさい!」って子供の頃から言われてたけどなんで姿勢が悪いとダメなの?
背中!
ダメ!
それは筋肉が
繋《つな》がっているからだニャ!!
人間の筋肉は全体が繋がっているので、例えば、姿勢が悪くて首が前に出ていると
それに引っ張られて首についている「胸《きょう》鎖《さ》乳《にゅう》突《とつ》筋《きん》」に余計な力がかかっしまうニャ

それが全体の歪みになっていくってこと!?
そうだにゃ!!だから姿勢は大事なんだにゃ
でも どうしよう……私 気を付けてても
3分後
すぐ猫背になっちゃうよ～
そりゃそうだにゃ!!
姿勢を保つには関節のモビリティと骨格のバランスとある程度の筋力が必要なのにゃ！
梅さんのように普段から全く体を動かさない人が意識するだけでキレイな姿勢を保つのはムリにゃ！
ついにこの時が…
ヒイイイイイ
筋トレしなきゃダメか!!

もちろん筋トレ必要にゃ けど その前に 関節のモビリティと 骨格のバランスを ストレッチで整えるにゃ
あ
そっか! 私はまだ普通未満の体だった……!!
そうだにゃ
ところで やっぱり姿勢も 状態の確認から するんだよね?
そのとおり!! わかってきたにゃね!
グッ!
姿勢のチェックでは 気をつけたいことが あるにゃ!!
気をつけたい事……?

姿勢は
正面からじゃなくて
側面から見るにゃ！
「正面」じゃなくて
「側面」ってこと？
そうだにゃ!!
流行りの歪み矯正は正面から見て判断することが多いけど
側面から見たときの歪みの方が体の問題に直結していることが多いにゃよー！
側面の歪みには大きく4つのタイプがあるにゃ！

姿勢の歪みの4タイプ

※ただし、骨折の経験などで個々人の体はかわってきます。

①猫背タイプ

全体的に
丸まって
いる

デスクワーカーや男性に多い姿勢。肩が丸まっているので、胸が内側に入りやすく肩が開きにくくなる。全体的に背中が丸くなりやすく背筋が弱くなる傾向にある。

②反り腰タイプ

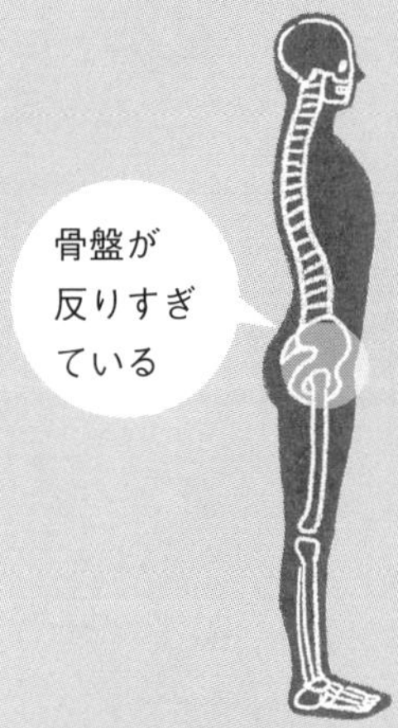
骨盤が
反りすぎ
ている

③と異なり、腰だけが反っている。女性に多い。X脚の人も腰が反りやすい。腰が反ると腹筋が伸びてきて働きづらくなり、筋力が弱くなってしまう。

③猫背反り腰タイプ

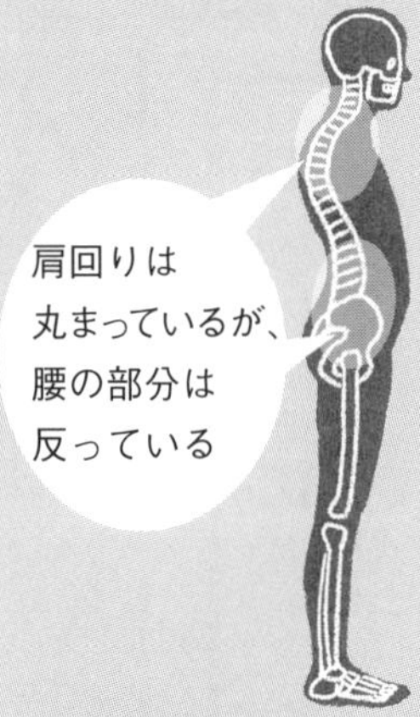
肩回りは
丸まっているが、
腰の部分は
反っている

姿勢を支える筋力が弱いことが原因でなることが多く、常に姿勢が悪い人、運動をしない人や女性、デスクワーカーに多い。腹筋は伸び、背筋は縮んでいる。肩が丸まっているので、胸が内側に入りやすく肩が開きにくくなる。

④扁平タイプ

背骨が本来の
S字ではなく、
直線になって
しまっている

ストレートネックの人に多い姿勢。体を固めて歩いていたり、手だけで動作を完結させたりと動きが小さい人がなりやすい姿勢。
背骨が平坦なためバネのような衝撃吸収が少なく背骨や腰への負担も大きい。

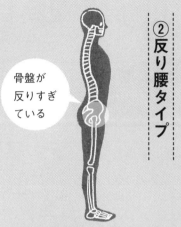

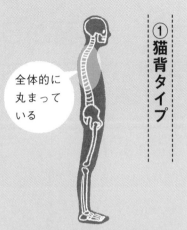

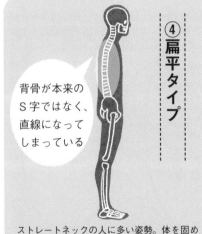

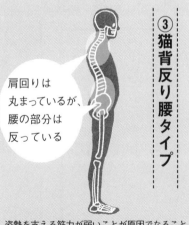

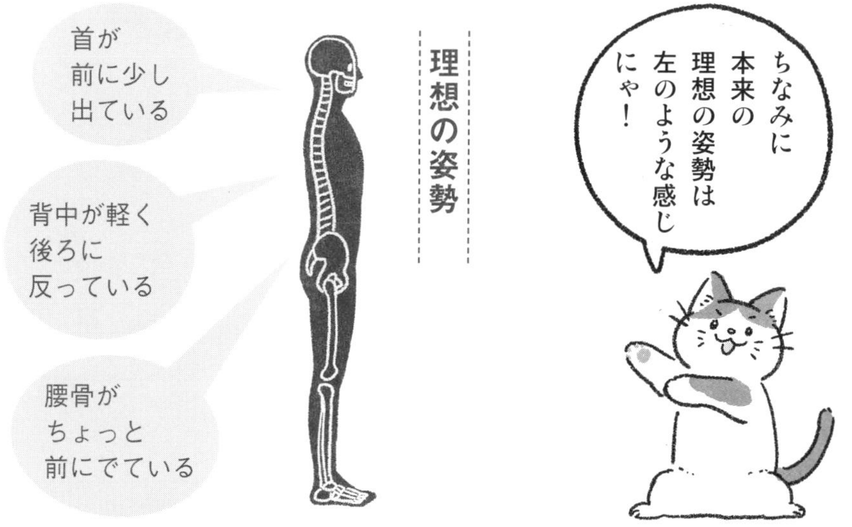
ちなみに本来の理想の姿勢は左のような感じにゃ！
理想の姿勢
首が前に少し出ている
背中が軽く後ろに反っている
腰骨がちょっと前にでている

猫背反り腰が一番多くて梅さんもこのタイプにゃ！
いつのまにチェックしてたの？
すご〜い
えっへん！
姿勢のタイプは自分でチェックできるにゃよ
やってみるにゃ

姿勢タイプの見極め方

1　自分の立ち姿を側面から写真に撮ります

他の人に撮ってもらったり、本棚にスマホを立て掛けてセルフタイマーを使用したりして撮りましょう。

※撮影の際は体にフィットした服装がおすすめ！

2　その写真に、線を引きます

くるぶしを基準に真上に垂直線を引きます。

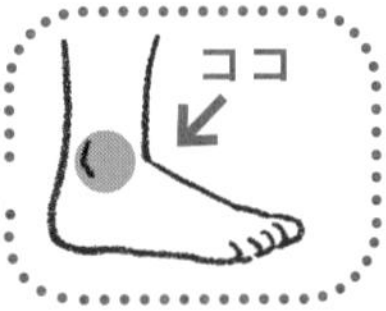
ココ

3　下の図と写真に引いた線を比べて判定します

②で引いた線から逸脱している部位が大きいものを自分の姿勢とします。

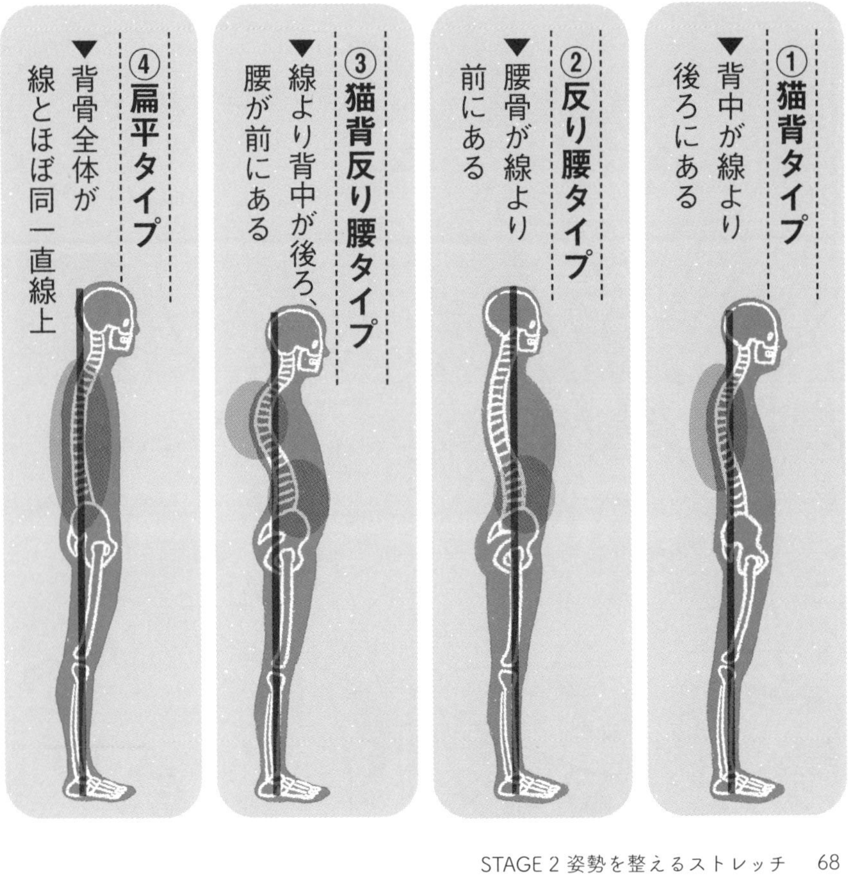
①猫背タイプ
▼背中が線より後ろにある
②反り腰タイプ
▼腰骨が線より前にある
③猫背反り腰タイプ
▼線より背中が後ろ、腰が前にある
④扁平タイプ
▼背骨全体が線とほぼ同一直線上

自分の姿勢タイプわかったかにゃ?
今回もそれぞれタイプに合わせてストレッチメニューを考えてあるにゃよ!
①猫背タイプ→P70～73
②反り腰タイプ→P74～77
③猫背反り腰タイプ→P78～81
④扁平タイプ→P82～85
私は③猫背反り腰タイプ!
姿勢のストレッチはいつやればいいの?
朝晩2回やると歪みがリセットできておすすめにゃ!
毎日のストレッチに取り入れるといいけれど大変なら　モビリティのストレッチが一通り終わってから2週間やるといいにゃ
忙しくて全メニューできない人はやってみてキツいと感じたものをやってみましょ～

\stretch/

猫背
5~6週目

〈猫背の姿勢ストレッチ①〉
大殿筋ストレッチ

猫背の人は背中が丸まると同時に骨盤も丸まって
おばあちゃんのような姿勢になりがちです
この骨盤まわりをしっかり立てることが大事です

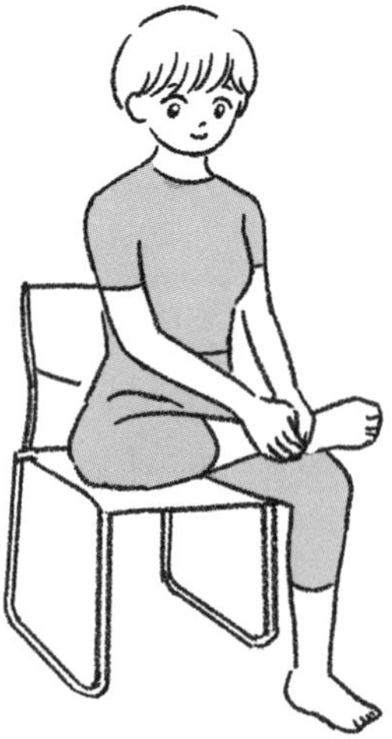

1 椅子に腰かけ、
片足胡坐《あぐら》を組む。

2 背筋を伸ばし、そのまま前に倒し、
そこで20秒キープしてから
元の姿勢に戻る。

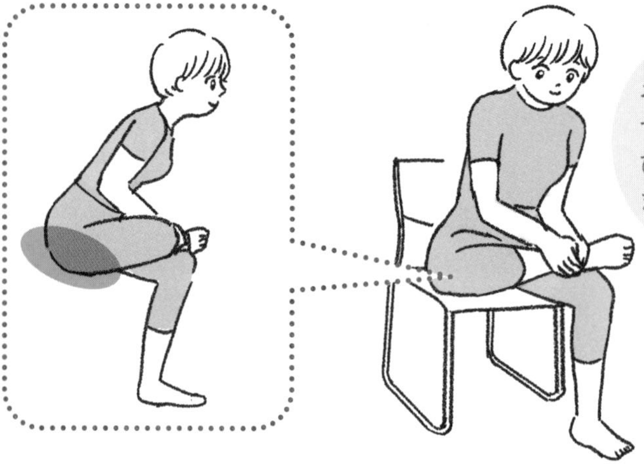

お尻から太もものつけ根の部分が伸びる感じで行ないます

3 2を3回繰り返したら、
反対の足に組み換えて同様に行なう。

20秒×3回×左右

\stretch/

猫背
5~6週目

〈猫背の姿勢ストレッチ②〉

もも裏ストレッチ

1 椅子に腰かけ、片足を伸ばす。
伸ばした方の足は踵を床につけ、
足首を軽く反る。

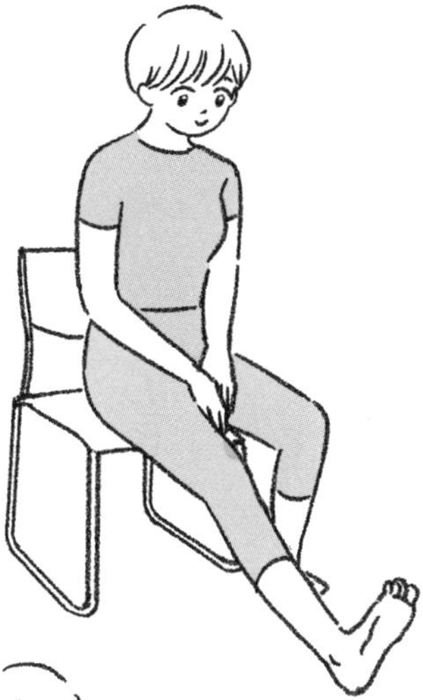

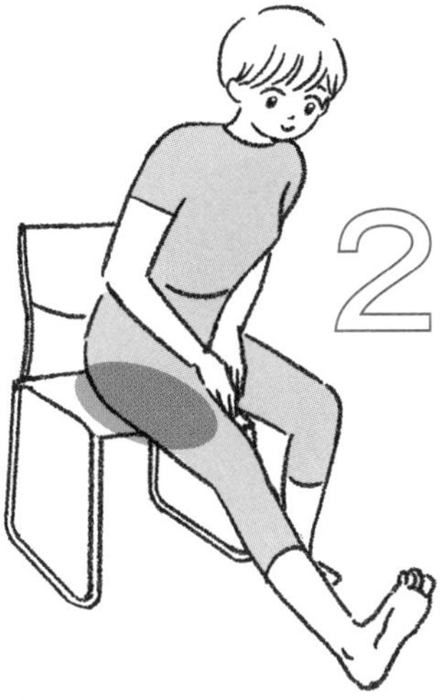

2 背筋を伸ばしたまま前に倒し、
ももの裏が伸びることを感じる
位置で 20 秒キープしてから
姿勢を元に戻す。

3 2を3回繰り返したら、
反対の足に換えて同様に行なう。

20秒×3回×左右

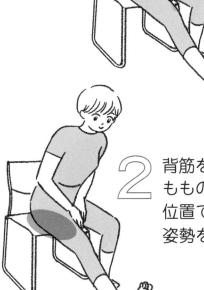

\stretch/

猫背
5～6週目

骨盤起こし

〈猫背の姿勢ストレッチ③〉

1 椅子に腰かけ、腰に手をあてる。

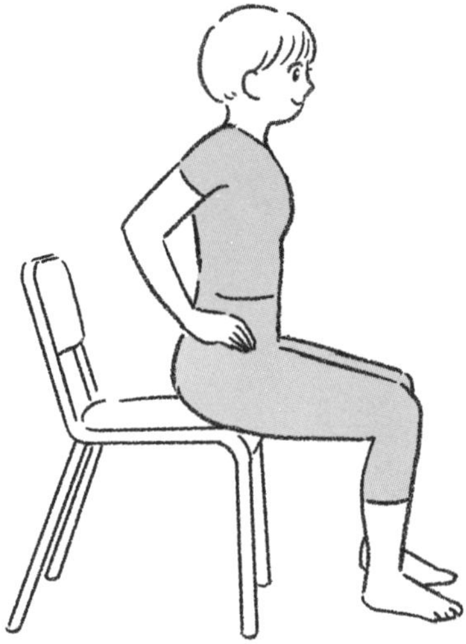

2 おへそが前に引っ張られるイメージで、骨盤を反り20秒キープしてから楽な姿勢に戻す。

猫背の人は骨盤まで丸まっているので伸ばすことを心掛けましょう

3 2を3回繰り返す。

20秒×3回

\stretch/

猫背
5~6週目

胸張り

〈猫背の姿勢ストレッチ④〉

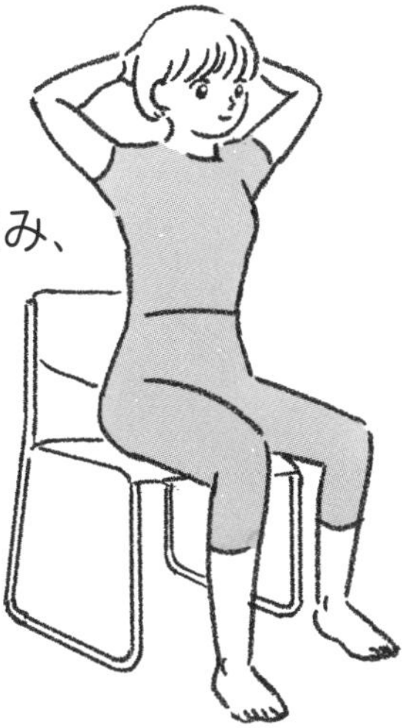

1 椅子に腰かけ、両手を組み、
その手を頭にあてる。

2 1の状態で肩甲骨を寄せながら胸を張る。
同時に、手の組んでいる部分に頭を
押しあててそこで5秒キープ。
その後、楽な状態に戻す。

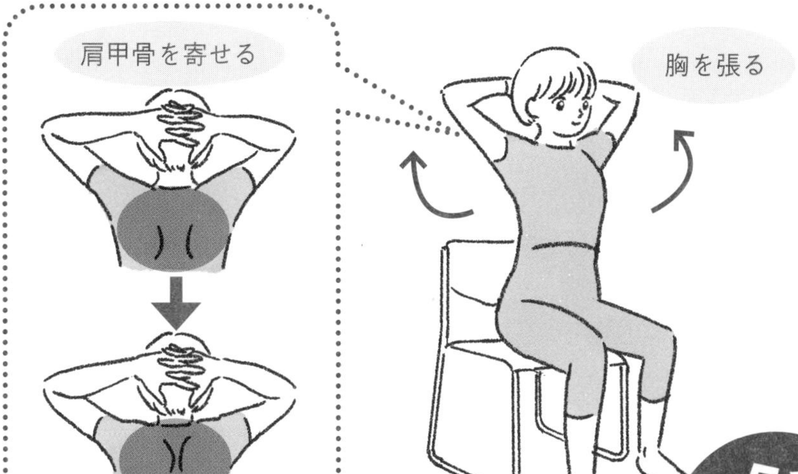
肩甲骨を寄せる
胸を張る

3 2を3回繰り返す。

5秒×3回

\stretch/

反り腰
5~6週目

〈反り腰の姿勢ストレッチ①〉

背中のアルマジロ体操

1 三角座りをして、手は脛《すね》の前で組む。
（太もものでも、楽な方で OK）

2 その状態で後ろに転がり、
背中を丸めて床にコロンコロンする。
（20 秒程度）

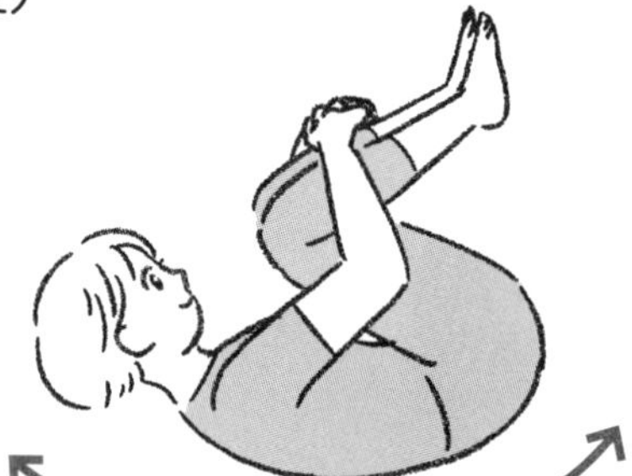

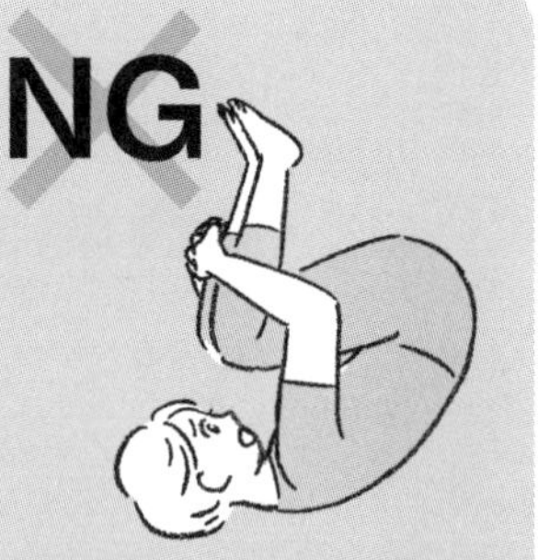

目的は背中を丸くすることなので、首の方まで転がらないようにしてください

背骨の真ん中らへんをコロコロして、背骨を丸くしましょう

3 可能なら反動＋腹筋で１の状態に戻る。
（難しい場合は転がるだけで OK）

4 １～３を３回繰り返す。

20秒×3回

\stretch/

反り腰
5~6週目

〈反り腰の姿勢ストレッチ②〉

反り腰つぶし

1 仰向けに寝転がって膝を立てる。

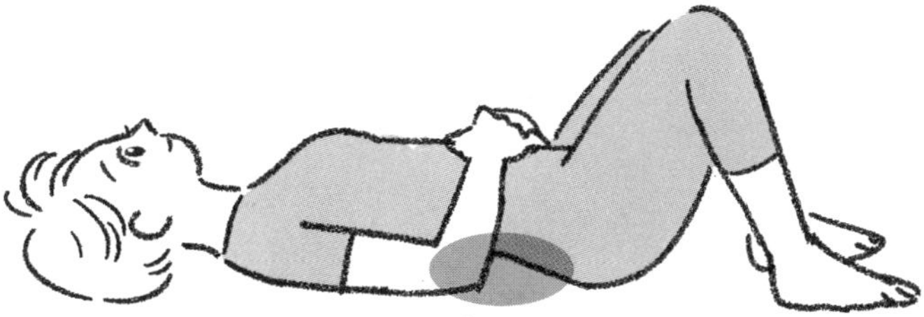

2 背中と床の隙間が無くなるよう、腰を床に押しつけ、20 秒キープしてから楽な状態に戻す。

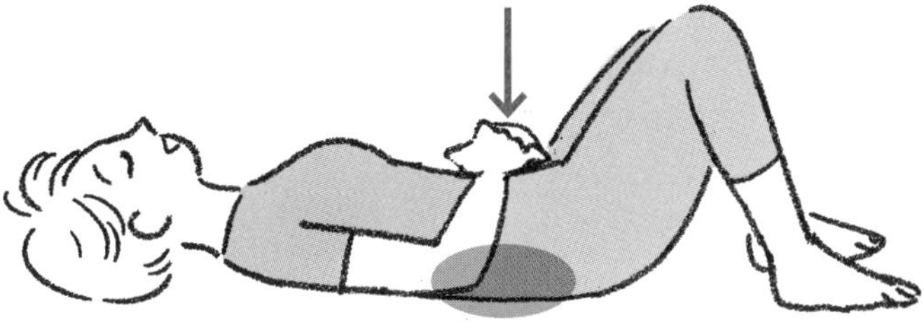

3 2を3回繰り返す。

20秒
×
3回

\stretch/

反り腰
5〜6週目

〈反り腰の姿勢ストレッチ③〉

反り腰つぶし

立ちバージョン

20秒×3回

1 壁を背にして、
足の幅ぐらい前で
軽く足を開いて立ち、
肩と頭を壁につける。

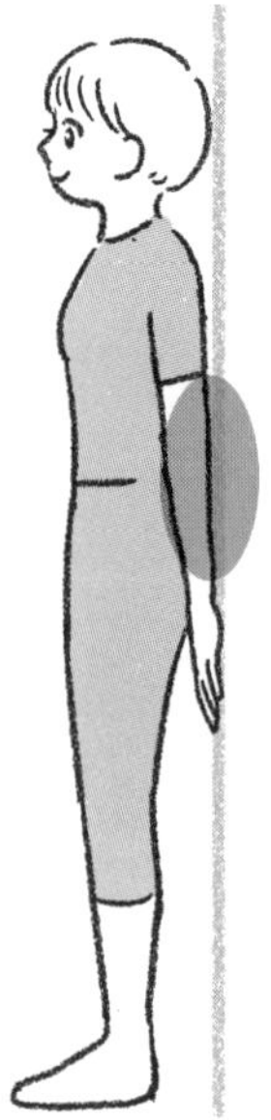

背中をつけにくくなるので、踵を壁にくっつけないようにします

2 腰の反っている
部分を壁に押しあて、
20秒キープしてから
楽な姿勢に戻す。

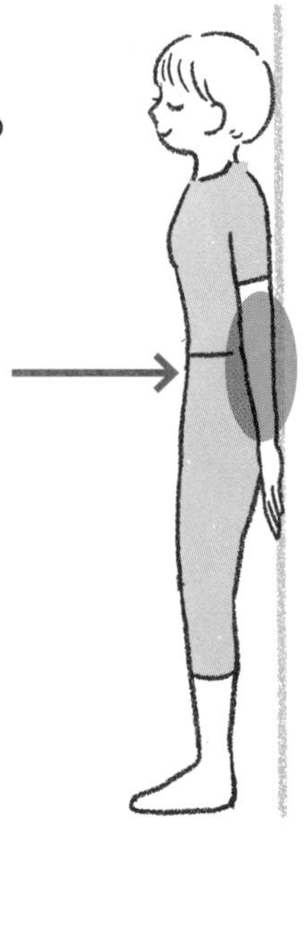

足を前に出した方が隙間をつぶしやすくなるので、難しく感じる人は足をさらに前に出してみてください

3 2を3回繰り返す。

\stretch/

反り腰
5～6週目

お尻筋トレ

〈反り腰の姿勢ストレッチ④〉

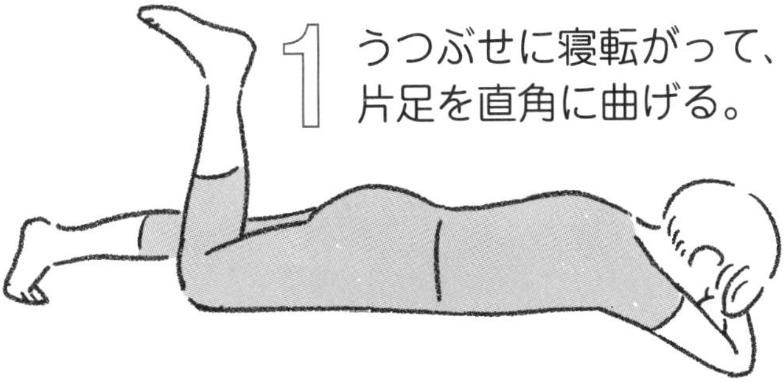

1　うつぶせに寝転がって、片足を直角に曲げる。

2　曲げた足を床から離すように上に上げ、それを下げることを10 ～ 30 回繰り返す。

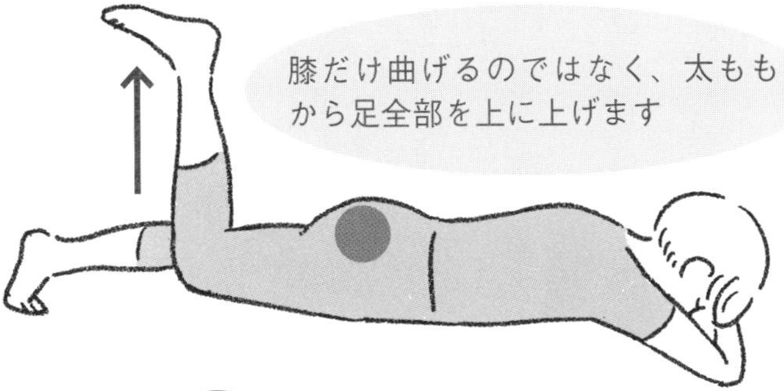
膝だけ曲げるのではなく、太ももから足全部を上に上げます

3　反対の足も同様に行なう。

足を上げたときに腰を反ると反り腰が進行してしまうで気をつけましょう。腰は楽にする、もしくはお腹のあたりにクッションをあてるとやりやすくなります。

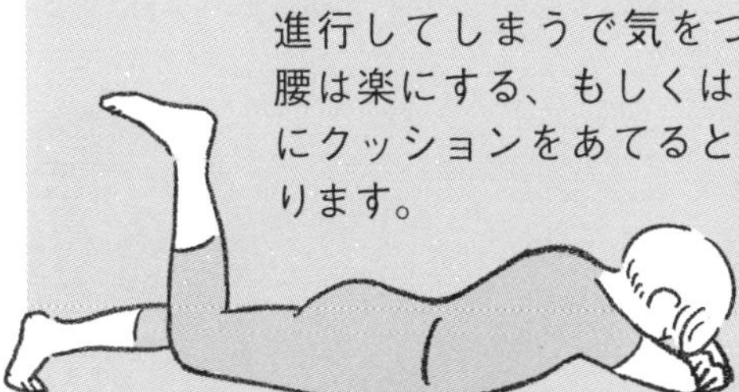

NG

10~30回×左右

\stretch/

猫背
反り腰
5~6週目

広背筋ストレッチ

〈猫背反り腰の姿勢ストレッチ①〉

広背筋を伸ばすストレッチです

1 椅子に座り、両肘を水平に胸の高さでくっつける。

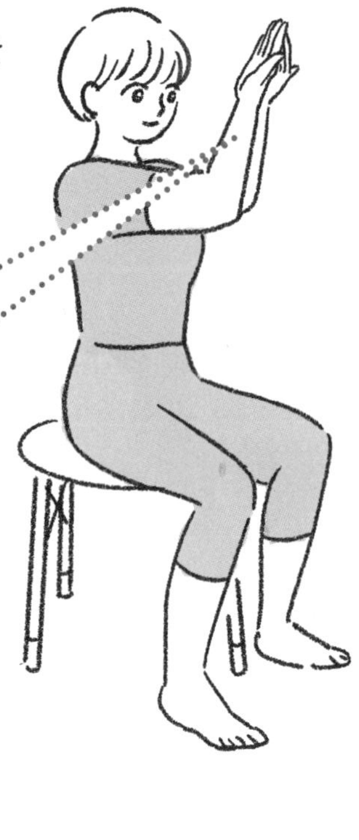

親指は外に伸ばす
肘は離れないように

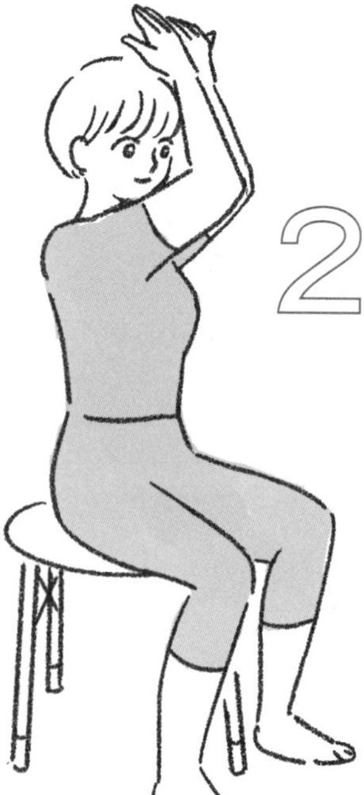

2 そのままいけるところまで上げ、そこで20秒キープする。

3 1～2を3回繰り返す。

20秒×3回

\stretch/

猫背
反り腰
5～6週目

顎引き体操

〈猫背反り腰の姿勢ストレッチ②〉

猫背の人は首が前に出てしまいがちなので、それを後ろに引くストレッチです

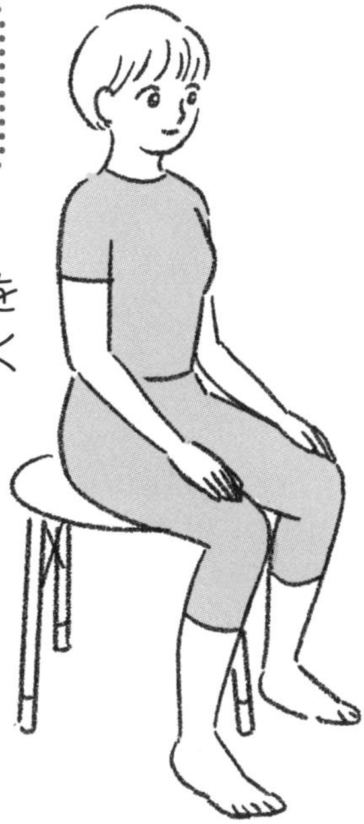

1 椅子に座り、背筋を伸ばした状態で軽く顎を引く。

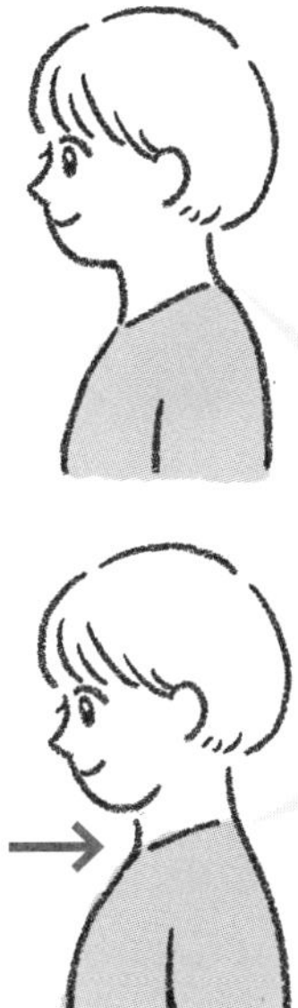

2 その状態で、後ろに頭を水平移動し、５秒キープする。

鳩が頭を前に出す状態を逆に行なうイメージで行ないます

3 １～２を３回繰り返す。

NG

背中が丸まった状態で行なうと顎が引きにくくなってしまうので、背筋を伸ばして行ないましょう

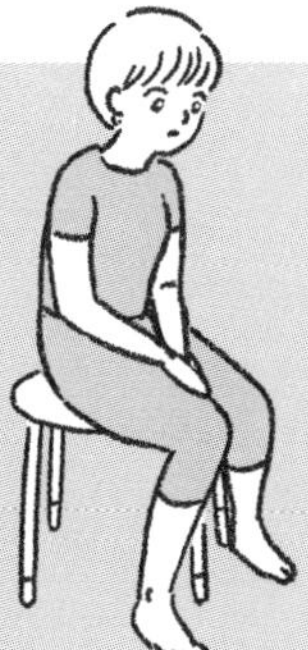

5秒×3回

\stretch/

猫背
反り腰
5~6週目

〈猫背反り腰の姿勢ストレッチ③〉

腰丸めだんごむし体操

反り腰が丸まるストレッチです

1 仰向けに寝転がる。

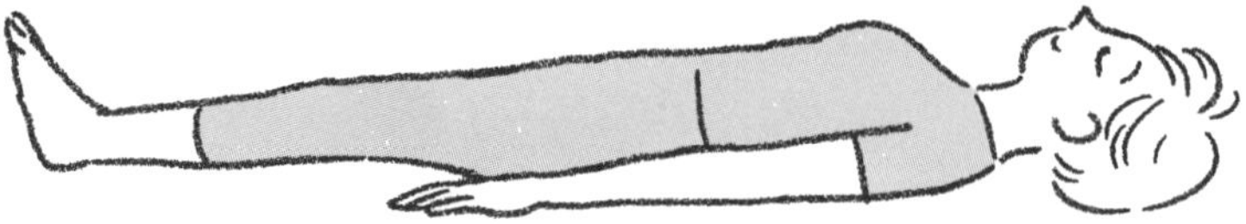

2 太ももを上半身につけて、
両手で抱え込み、そこで10秒キープする。

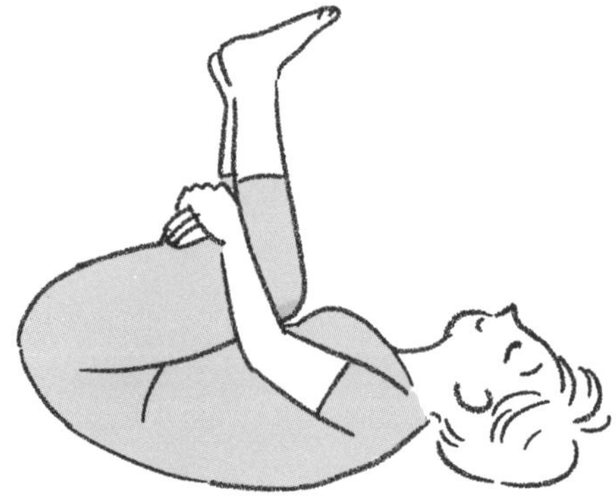

3 1〜2を3回繰り返す。

10秒×3回

\stretch/

猫背
反り腰
5～6週目

胸伸ばしストレッチ

〈猫背反り腰の姿勢ストレッチ④〉

丸まった大胸筋を伸ばすストレッチです

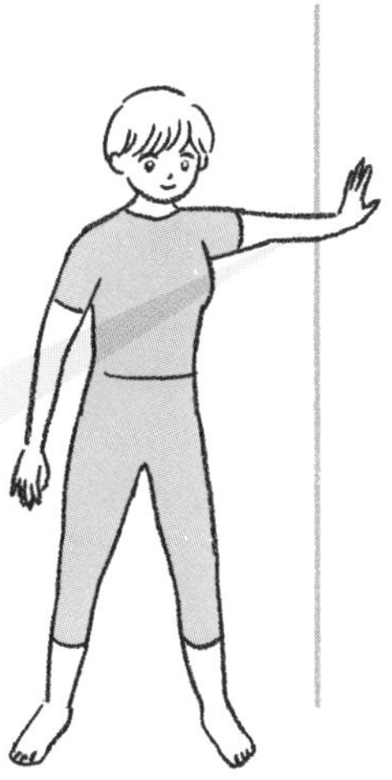

1 手を伸ばすと壁に届く位置に立ち、手を水平に壁につく。

手が水平より下がらないようにします

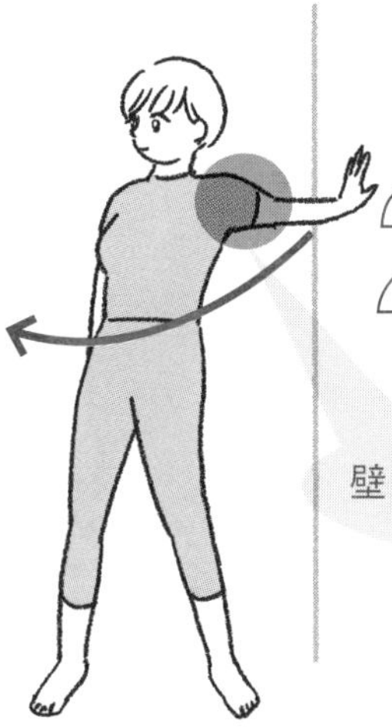

2 ついた手と反対の方向に、体を頭ごと向け、10秒キープする。

壁についた手の側の胸前《むなさき》を伸ばします

3 壁についた手の高さを変えながら1～2を3回繰り返す。

伸びる場所がかわるので、少しずつ腕を上げながら行なうとよいでしょう

4 反対の腕も同様に行なう。

10秒×3回×左右

\stretch/

扁平
5〜6週目

〈扁平の姿勢ストレッチ①〉
上半身捻《ひね》りストレッチ

扁平さんはとにかく背骨を動かす！

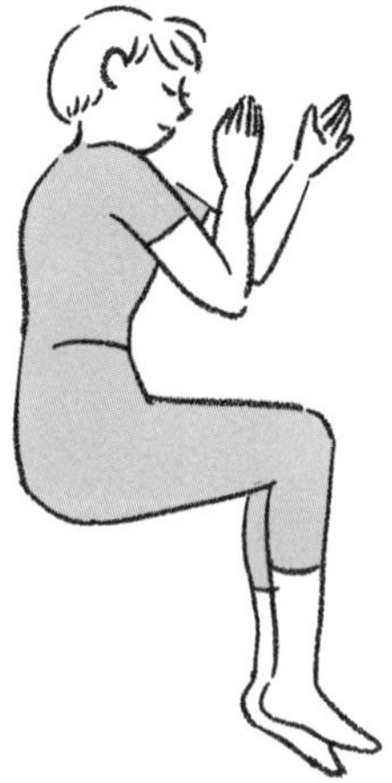

1 横を向いて寝転がり、
膝と股関節を各々
直角に曲げる。

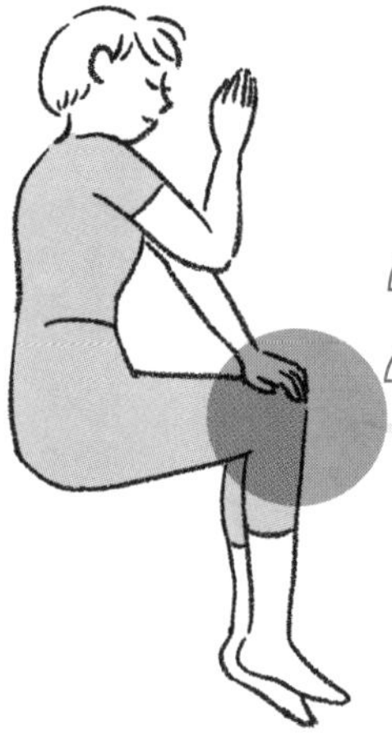

2 下の手で膝をつかんで
床に押しつける。

下半身が
動かないように
ロック！

開くときに
息を吐きます

3 上の手を水平より上に開く。
この時、顔も手の方向に動かす。
ここで5秒キープ。
2〜3を5回繰り返す。

4 反対側も同様に行なう。

5秒
×
5回
×
左右

\stretch/

扁平
5~6週目

体横倒し

〈扁平の姿勢ストレッチ②〉

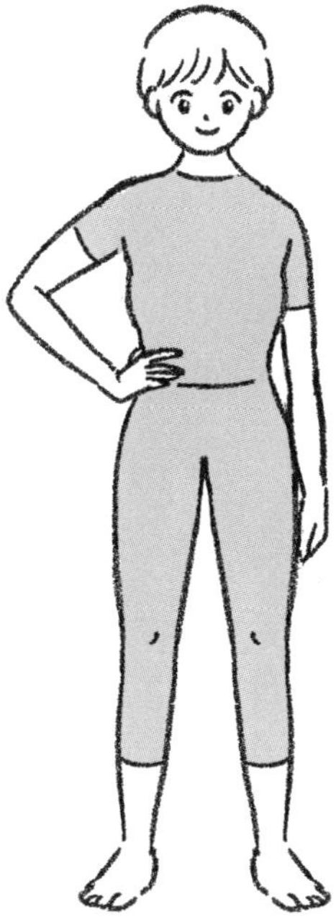

1 足を肩幅に広げて立つ
つま先は前に向ける。
その状態で片手を腰に
あてる。

2 腰にあてていない方の手を
体の反対側に伸ばす。
10秒かけて伸ばしながら
息を吐き、手を元に戻す。
これを3回繰り返す。

3 反対の手も同様に行なう。

10秒×3回×左右

\stretch/

扁平

5～6週目

〈扁平の姿勢ストレッチ③〉

背中キャット&カウ

1 四つ這いになり、手足は肩幅に開く。

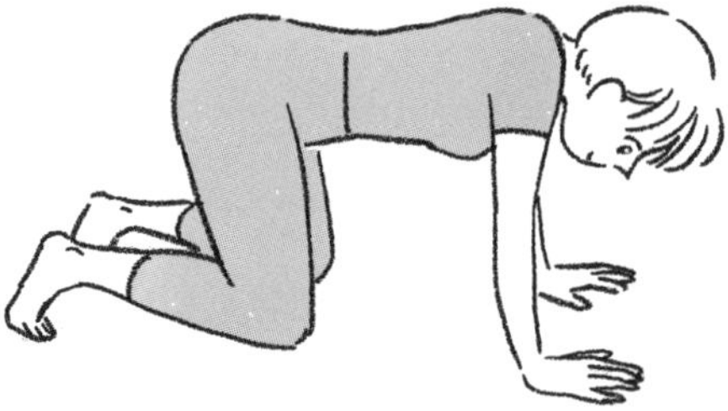

2 頭、肩甲骨、腰の順に反らせていき、
最後にお尻を突き出し、弓なりになる。
反りながら息を吐く。

骨を1個ずつ意識しましょう

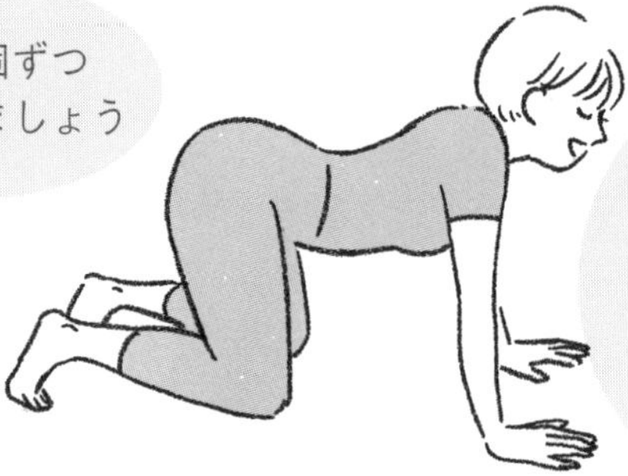

吐きっぱなしがつらければ、息を止めないように気をつけて普通に息をしてください

3 息を吸いながら骨盤から上げていき、
腰骨、肩甲骨を上げ、最後に頭を下げて
おへそを見る。

4 1～3を5回繰り返す。

5回

\stretch/

扁平
5~6週目

〈扁平の姿勢ストレッチ④〉

全身伸ばしバンザイストレッチ

1 足を肩幅に広げて立つ。
手も肩幅くらいでバンザイする。

手は真上に、足は地に根を張るようなイメージで息を吸いながら上下にグーッと伸びます

つむじが天井にグーッと引っ張られて身長が3センチ伸びるようなイメージで行なってください

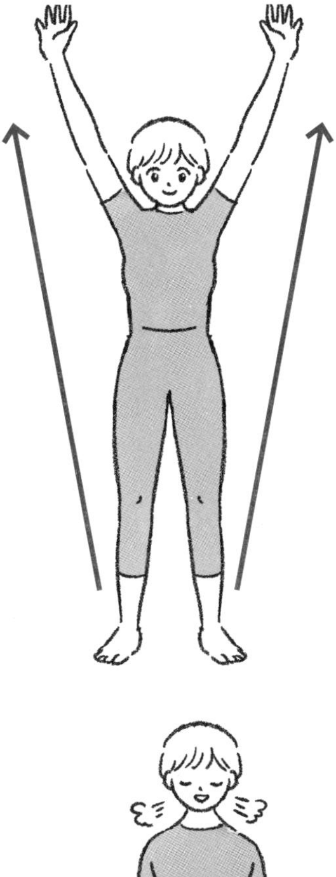

2 5秒伸びたら
息を吐きながら脱力する。
1～2を5回繰り返す。

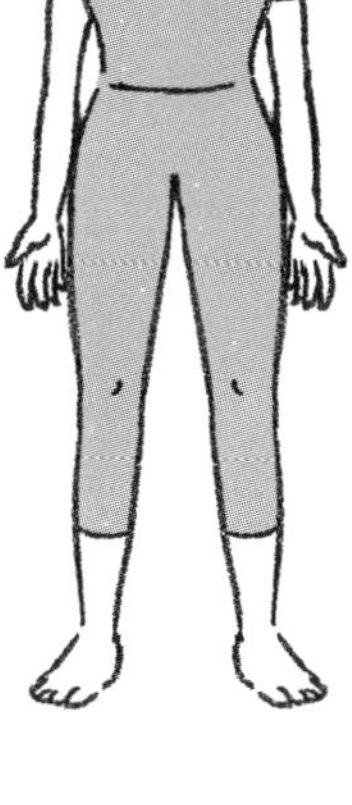

5秒×5回

自分ではわからないけど最近、「姿勢悪い」って言われなくなったーー！
ところで体の歪みの話で気になることがあるんだけど……
こそ！
どうしたにゃ？
正面からの歪みより側面からの歪みの方が重要って言ってたけどそれはなんで？
人間は正面から見た時にある程度歪みがあるのは当たり前なのにゃ！
だから気にしすぎは良く〜ないにゃよ〜
そっか！ 確かに左利きとか右利きで差が出るもんね〜
それに臓器も、肝臓は右、膵臓は左などなど生まれつき左右差があるにゃ
体に大きな不調が出ていないのであれば、左右差があっても問題はないにゃ！

じゃあ、側面から見て
この状態をキープ
できてればOKね……!!
プルプル
プルプル
残念ですが!!
ブー
立ち姿勢がキレイに
なればOKってわけじゃ
ないんにゃよ!
え!!
なんで!?
人間は動く生き物
だからにゃ!
動いた時に
体を支えられなきゃ
意味ないにゃ!
体を支える! つまり
「スタビリティ」かな?
正解〜!!
だから、姿勢ストレッチを
2週間やって
姿勢が整ったら次は
「スタビリティ」に
アプローチするにゃ!

Kakizawa's COLUMN 2

姿勢は心と体の状態を表す鏡

STAGE2では「姿勢」について触れましたが、実は姿勢は心と体の状態を表す鏡と言われています。

例えば鬱々とした姿勢は「うつむいて丸まった姿」を想像すると思います。逆に喜んでいる姿は、拳を空に向かって突き上げて「やったー!」と叫んだり、両手でガッツポーズするといった「胸を開いて伸びている姿」になります。

これらはどれも意識して行なっているのではなく、感情が無意識に姿勢に影響を及ぼしているということが言えます。

つまり姿勢=心の状態を表す鏡です。では体ではどうでしょう?

赤ちゃんは丸まった姿で生まれてきて、おじいちゃんやおばあちゃんは年を重ねると自然と丸くなっていきます。

これは人間が二本足で立ち地球に存在する重力に抗《こう》して生活する上で、体をまっすぐに支える筋肉や体力が姿勢に関連するからです。

体の機能が衰えると人は自然と丸くなっていきますが、機能が向上する成長のときは首が座り二本足で立ち、身長が上に伸び、筋肉も発達していきます。

つまり姿勢=体を表す鏡とも言えます。

日本の、古来から礼儀や所作を重んじる武術の世界で「心・技・体」と言われてきたのはこの為です。

元気が良い人には姿勢もキレイな人が多いのは、その理由からなんですね。

STAGE 3

もっと体が整う初級体操

スタビリティを獲得せよ!

そのためには インナーマッスルを バランス良く働かせる 筋トレをしてあげるにゃ
アウターマッスル
インナーマッスル
体幹(胴体の筋肉)
ふむふむ
体幹・インナーマッスル 聞いたことありますよ!
だから ストレッチの要素と 筋トレの要素を 組み合わせた メニューを作ったにゃ!
えーとそれは・・・
全部 いっぺんに やるの?
梅さんは まだ筋肉がヘロヘロなので、
最初の1週間(モビリティ・姿勢から数えると7週目)は
①②(P92〜95)
次の2週間(8〜9週目)は
①②③(P92〜97)
最後の2週間(10〜11週目)で
①②③④⑤(P92〜101)
と徐々に増やして いくとよいにゃよー!
なるほど
ヘロ
ヘロ
了解でーす!! モビリティや姿勢の ストレッチメニュー と合わせて やってみよー!

\stretch/

7~11週目

〈スタビリティをつくるストレッチ①〉

全身伸ばしストレッチ

座りバージョン

難易度★

10秒×5回

1 壁に椅子をつけ、そこに座る。
※床ではない方がよい

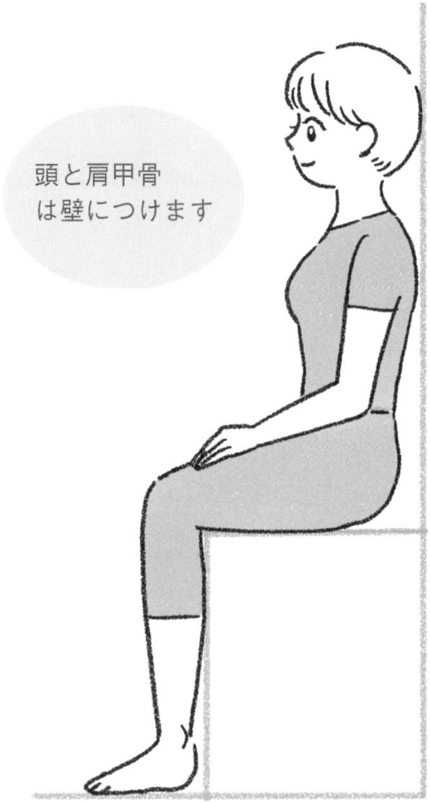
頭と肩甲骨
は壁につけます

2 真上に体を伸ばす。
足は地面にぐっと押しつける。
10秒キープしたら楽にする。

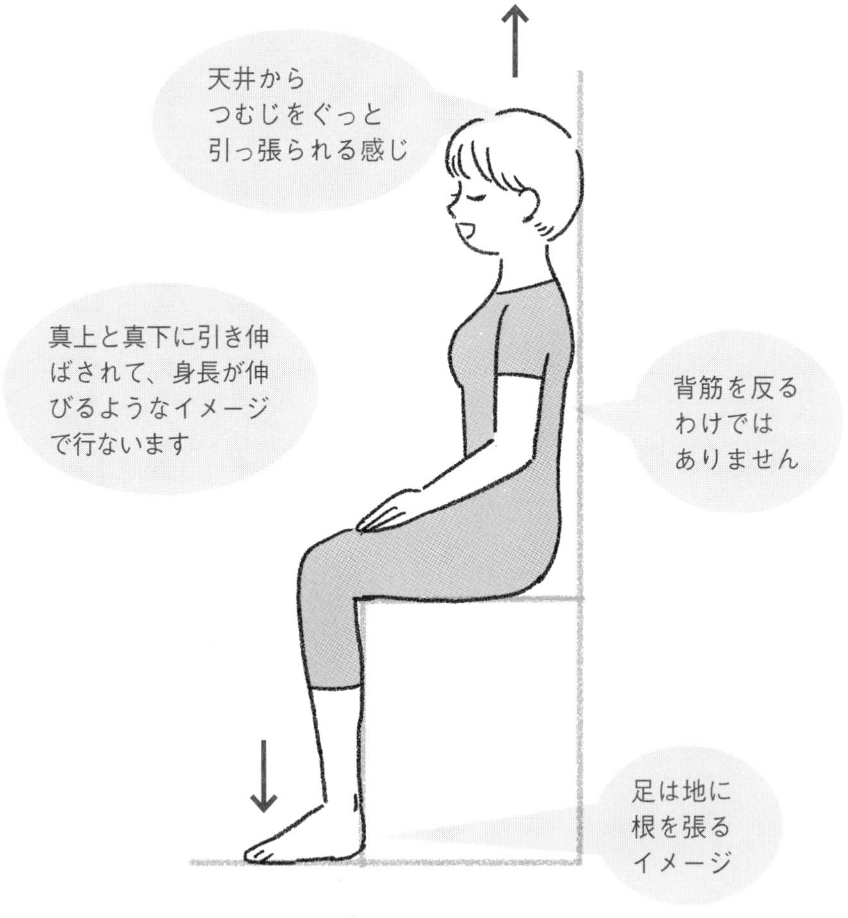
天井から
つむじをぐっと
引っ張られる感じ
真上と真下に引き伸
ばされて、身長が伸
びるようなイメージ
で行ないます
背筋を反る
わけでは
ありません
足は地に
根を張る
イメージ

3 2を5回繰り返す。

\stretch/

7~11週目

〈スタビリティをつくるストレッチ②〉

全身伸ばしストレッチ

立ちバージョン

難易度★

10秒×5回

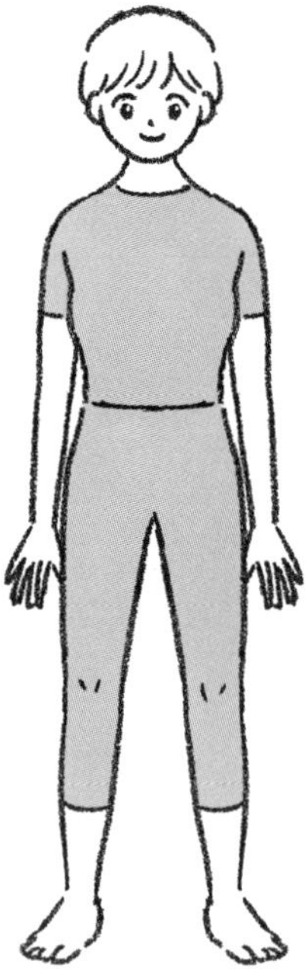

1 壁を背にして立つ。

2 手をバンザイするように真上に上げ、
頭、踵、肘と手の甲を壁につける。

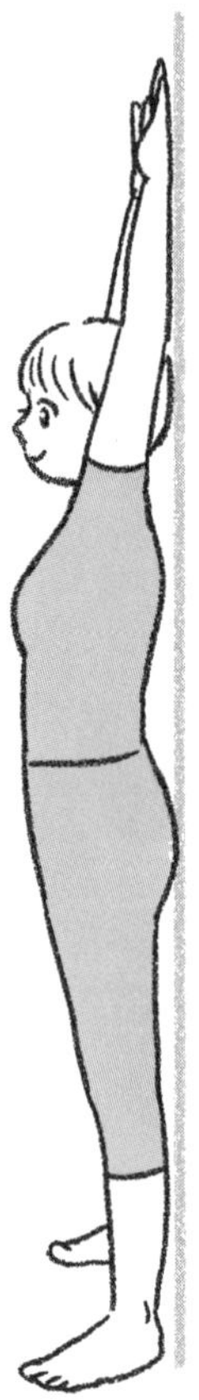

3 縦に伸ばされるイメージで
グーッと上下に伸びる。

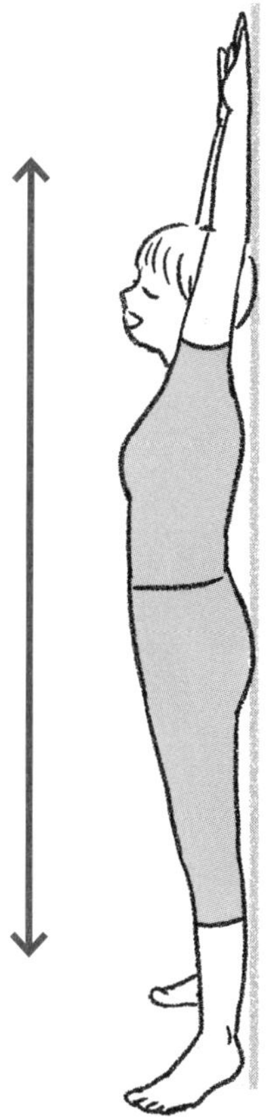

寝っ転がって伸びる
ようなイメージ

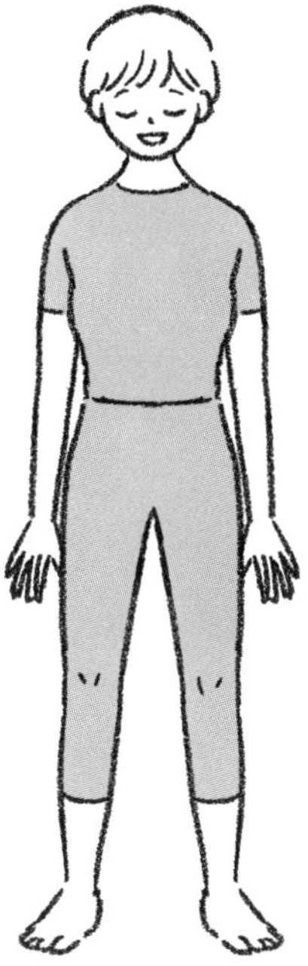

4 10秒キープしたら一旦
手をおろし1にもどる。

5 2～4を5回繰り返す。

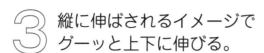

\stretch/

8~11週目

〈スタビリティをつくるストレッチ③〉

四つ這い手足クロス

難易度★★★

1 四つ這いになる。

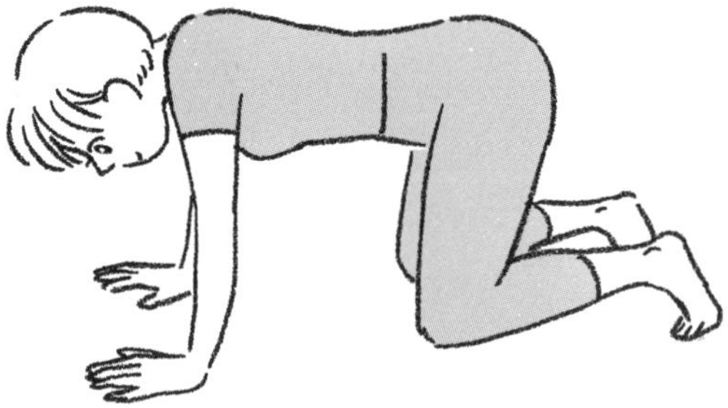

2 右手と左足は床についたまま、左手と右足を上げ、床と平行に伸ばす。

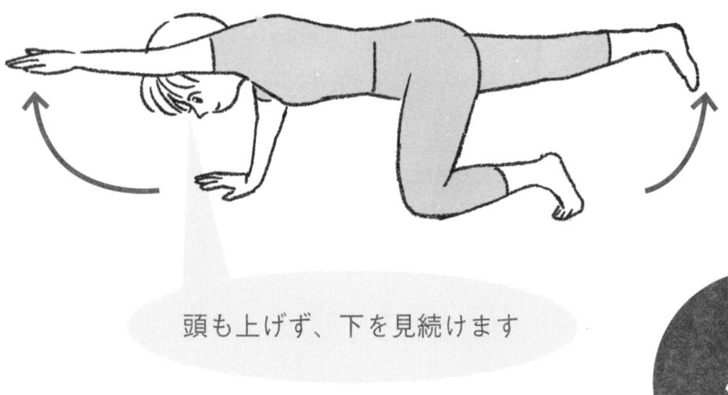
頭も上げず、下を見続けます

10秒×5回×左右

3 左手と右足をグーッと上下に伸ばす
この姿勢のまま10秒キープ。

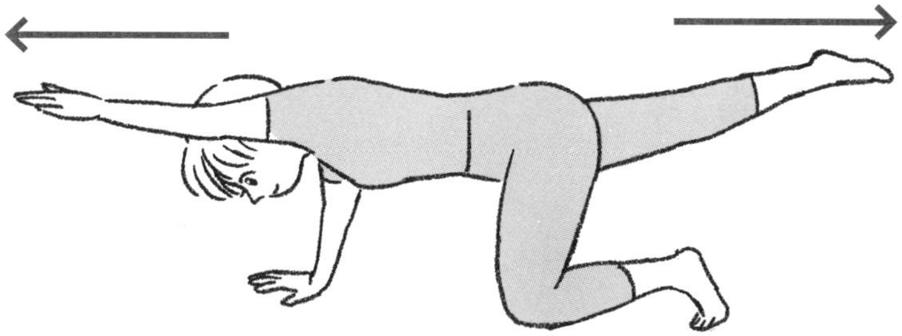

難しければ、手だけ、足だけで10秒ずつキープできるようにしていってください

4 上げていた手足をおろす。
反対も同様に行ない、左右交互に5回ずつ行なう。

手や足が床と平行にならずに上を向いたりしてしまう状態では効果がありません

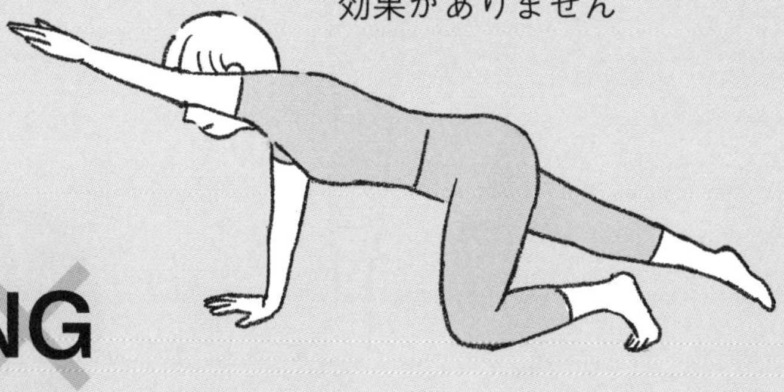

NG

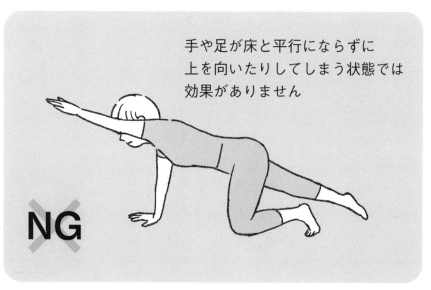

\stretch/

10~11週目

クオータースクワット

〈スタビリティをつくるストレッチ④〉

難易度★★

10秒×5回

1 足を肩幅に開いて立ち、
つま先は前に向ける。

2 両手をバンザイをする
ように真上に上げる。

「大テスト」のときと同様に、タオルを持ったまま行なうとやりやすいかもしれません

3 姿勢を正したまま膝を曲げ、
10秒キープ。

「大テスト」のときと
同様に、姿勢を正した
まま沈み込みます

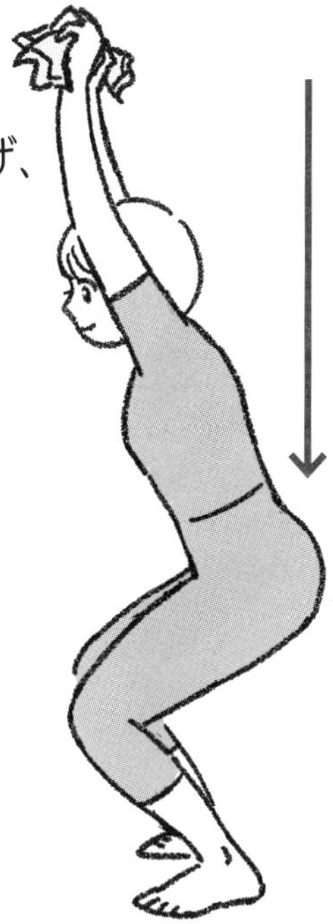

4 1〜3を5回繰り返す。

**クオータースクワットが余裕で
できる人は、ハーフスクワットに
も挑戦してみよう！**

ハーフスクワットは、太もも
が床と平行になるところまで
落とします

\stretch/

10~11週目

〈スタビリティをつくるストレッチ⑤〉

クオータースクワット左右足踏み

難易度 ★★★

5往復×3回

1 クオータースクワットの状態
(P99 参照) で立つ。

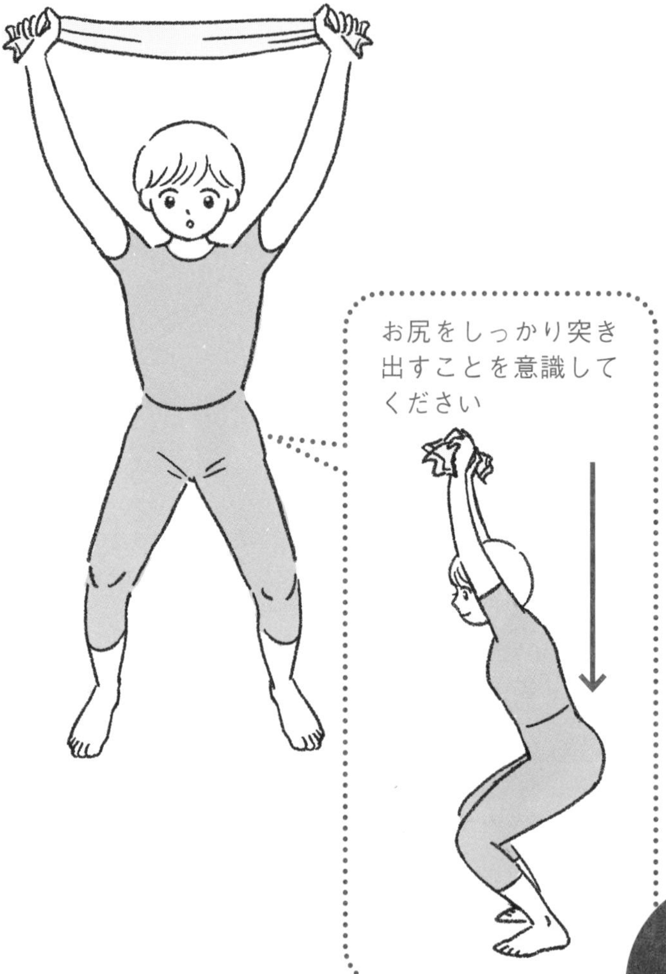

お尻をしっかり突き出すことを意識してください

2 1の姿勢をキープしながら片足に重心をのせる。腰を落としたまま徐々に体重を移動していき、反対の足に重心をのせる。

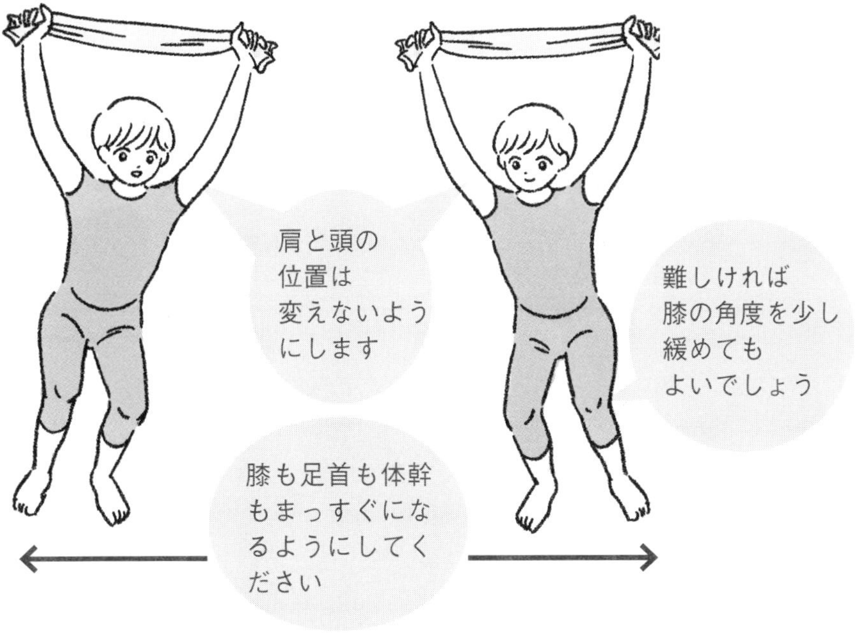
肩と頭の位置は変えないようにします
難しければ膝の角度を少し緩めてもよいでしょう
膝も足首も体幹もまっすぐになるようにしてください

3 5往復を最初は1回、慣れてきたら2回、最大3回までできるようにする。

NG

左右に足踏みして片足立ちになった時にバランスを崩して体が斜めに倒れないように注意

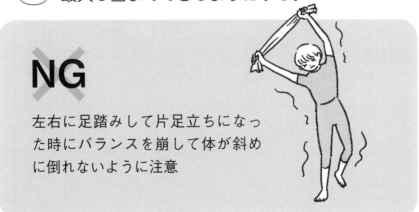

最終結果

①②簡単だったから油断したけど③④⑤難しすぎない!?
特に⑤!!
予想通りだにゃ〜 少しずつ筋トレ要素を増やしてるから筋力がない人は難しいんだにゃ
けど これも続けていけば必ずできるようになるにゃ!
たしかに
⑤は最初一歩もできなかったけど今はちょっとできるようになったよ!
⑤クオータースクワット足踏み、私は最初全くできませんでした!
一歩も進めない…
ん!?
どうやってうごくの!?
ラクラクできる友人
?
わーお
運動経験がない人はほぼできないみたいなので できなくても不安に思わないでくださいね〜!

さて!! これで梅さんは「モビリティ」と「スタビリティ」が整ったにゃ!
それってつまり!!
ついに人並みの体になれたのねー!!
脱めちゃかた!!
体の調子はどうかにゃ?
肩凝りが解消して
寝起きの重だる悪霊からも開放されたよー!
素晴らしいにゃ〜
不健康退散!!
ニャンコいっぱい抱っこしちゃうよー

Kakizawa's COLUMN 3

筋トレは自分の目的に合ったものを選ぼう

筋トレをする時は自分が何を目的にするかを考える必要があります。

ボディビルダーのように大きい筋肉をつけたいのか、野球のイチロー選手のように細身だけどしなやかで瞬発的な筋肉をつけたいのか。その目的によって必要となる筋トレは異なります。ですから、自分が求める体の用途に合わせて筋トレを行なった方がより効果的なのです。

とは言え、近くに理学療法士やトレーナーがいれば話は別ですが、一般的にはどの様な筋トレが自分の目的に即しているかを判断することは難しいでしょう。

「運動を始められる体にしたい!」という目的であれば、本書のSTAGE3のトレーニングを活用してみてください。

トレーニングの原則は「①低負荷から高負荷」「②単純な動きから複合的な動きを意識」「③専門的な動作を練習する」の3つに分けられます。

そこにスタビリティ関節(固めておく部位)の筋トレを行なうことで徐々に体が慣れてきて、運動を本格的に行なう前の機能的な体に近付いていきます。

本書では、この3つの原則とスタビリティ関節の筋トレ、どちらも意識した筋トレを紹介しましたので、まずは原則を意識しながら本書で紹介する筋トレを実践してみてくださいね。

STAGE 4

日常に取り入れたいストレッチ

普段からストレッチしよう!

先生!!
だいぶストレッチする生活に慣れてきたよ〜!
Good!
それはグッドにゃ!
その調子で続けるにゃ!
うん!!
それでね
ストレッチしていると体の調子がいいから
もっと隙間の時間とかちょっとした時に
さくっとストレッチできたらいいな〜と思ってるんだけどどうかな?
えへへ♡
梅さんからそんな提案があるなんて嬉しいにゃ!
例えばどんな時にストレッチしたいかにゃ?
ワクワク

うーんと…
リラックスとか
リフレッシュ！
みたいな感じが
よくて……
寝る前とか
ベッドの上で
できるといいな～
お風呂の中で
のんびり～とか
仕事の合間とか
通勤途中の暇な時
とかもいいよね！
ふむふむ、
なるほど…
できたにゃ！
はや！
早速やってみるにゃー！

\stretch/

お勧めの場面
畳・布団・ベッド

〈日常に取り入れたいストレッチ①〉

リラックスできる 仰向き拳上げ

寝起きや寝る前にオススメ
体をリラックスさせることが出来ます

1 仰向けに寝転がり、両膝を立て、
手はバンザイのようにする。

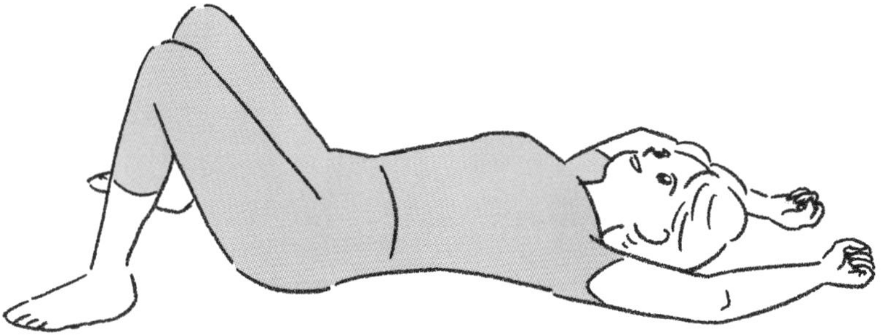

5秒×5回

特にデスクワーカーの方は体が前かがみになりがちなので、それを解消する意味でもオススメです

2 そのまま手をグーにして、
上の方に両拳を突き上げる。
５秒キープしたら脱力しながら息を吐く。

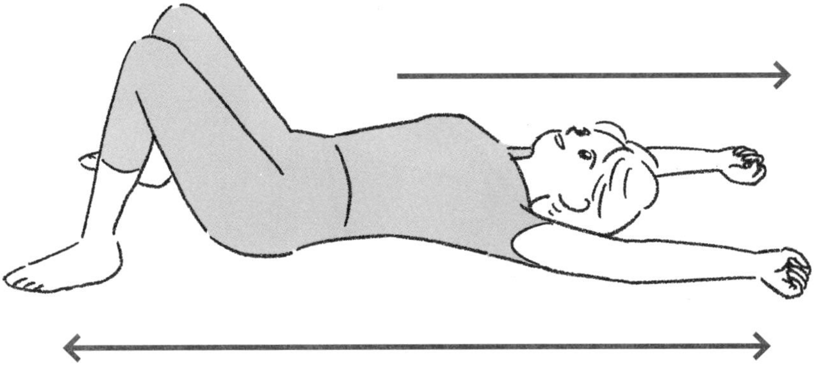

3 ２を５回繰り返す。

\stretch/

お勧めの場面
椅子に座っているとき

〈日常に取り入れたいストレッチ②〉

リラックスできる 座って膝曲げ

仕事中のリフレッシュにオススメ
（洋式トイレでもできます）

1 楽な姿勢で椅子に浅く座り、背もたれにもたれる。

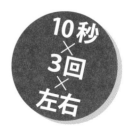

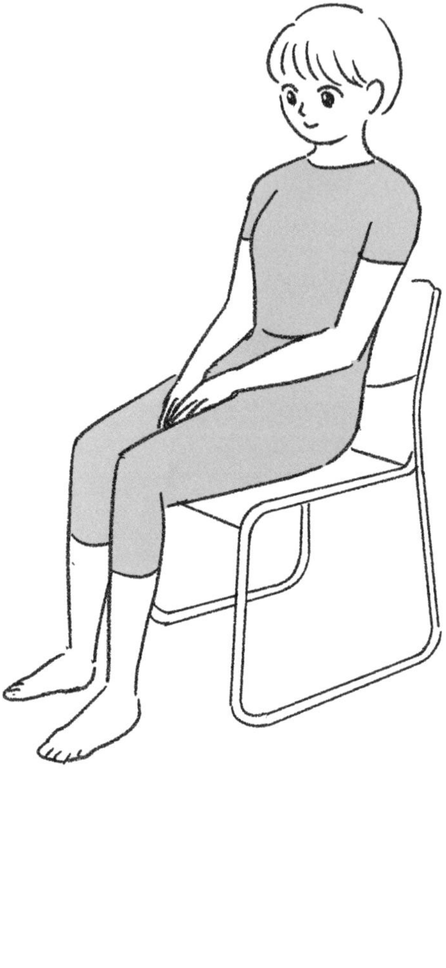

10秒×3回×左右

2 片足を抱き寄せる。

3 反対の足は伸ばしたままで、
曲げたほうの足の太ももがおなかに
くっついた状態で、10 秒キープ
してから楽な状態に戻す。

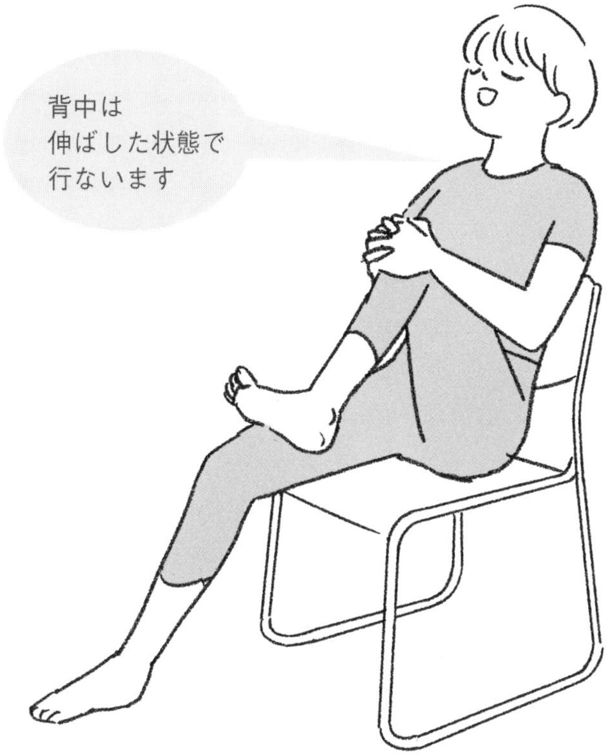
背中は
伸ばした状態で
行ないます

4 3を3回繰り返した後、
反対側の足も同様に行なう。

\stretch/

お勧めの場面
入浴中

〈日常に取り入れたいストレッチ③〉

お風呂で行なう 首ストレッチ

肩凝りが楽になるストレッチです

1 湯舟に入り、座った状態で右手を上げ、その手を左耳、もしくは耳の上あたりにあてる。

首はデリケートな場所なので、軽めに行ないましょう
軽く伸びているな、くらいで十分です

10秒×3か所×左右

2 右手を引いて頭を真横に倒し 10 秒キープ。

3 頭を元に戻し、
今度は右斜め前に倒し
10 秒キープ。

4 同様に正面にも頭を
倒して 10 秒キープ。

5 左側も同様に行なう。

\stretch/

お勧めの場面
入浴中

〈日常に取り入れたいストレッチ④〉

お風呂で行なう 背中ナインティナインティ

1 湯舟に入り座った状態で、
右手側のふちに左手を
背中側のふちに右手をかける。

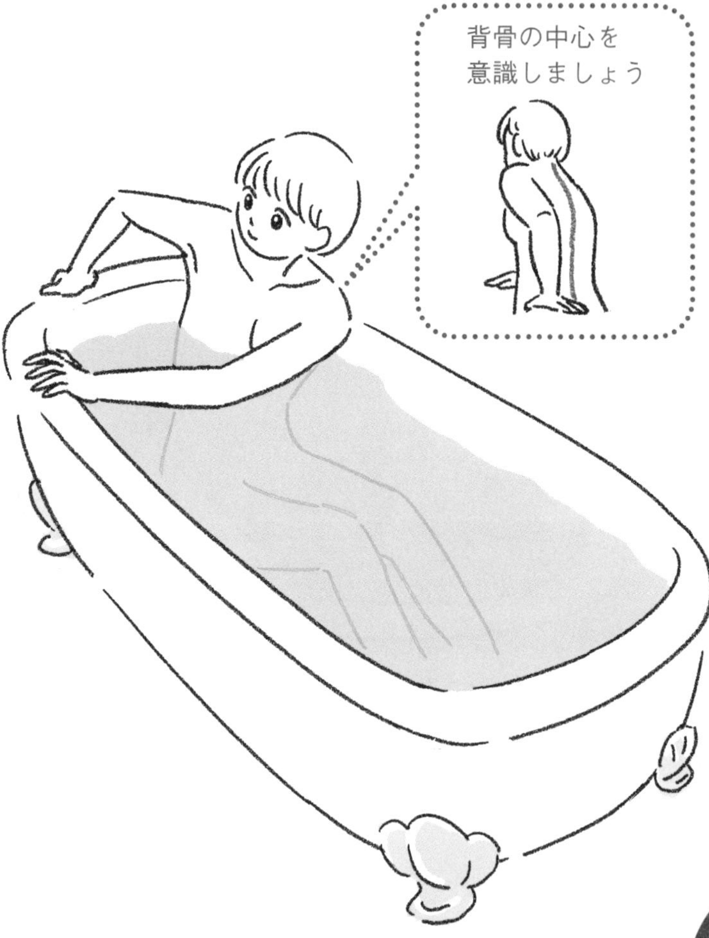
背骨の中心を
意識しましょう

5秒×5回

2 その状態で息を吐きながら
上半身を後ろ側に捻《ひね》り 20 秒間キープする。
これを 5 回繰り返す。

3 反対側も同様に行なう。

\stretch/

お勧めの場面
椅子に座っているとき

〈日常に取り入れたいストレッチ⑤〉

オフィスでできる背中椅子ストレッチ

5秒×5回

猫背防止になります

1 椅子に深く座る。

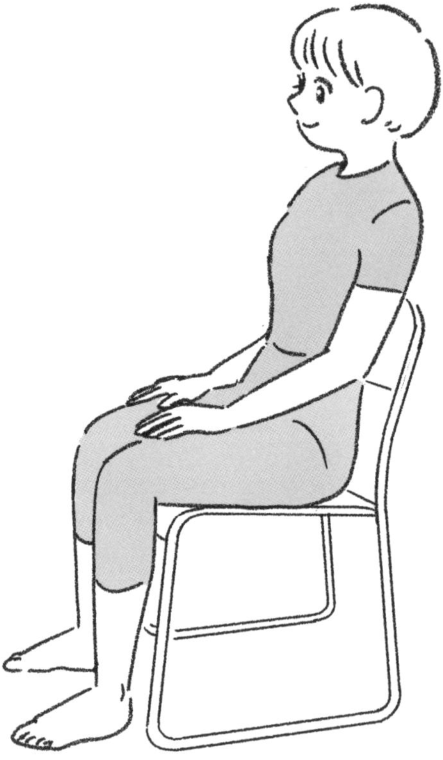

首を反りすぎると気分が悪くなってしまう恐れがあるので、
あくまで背中を反るようにしましょう

2 背もたれに背骨がつくように伸びをして、
５秒キープする。
その後、楽な姿勢に戻す。

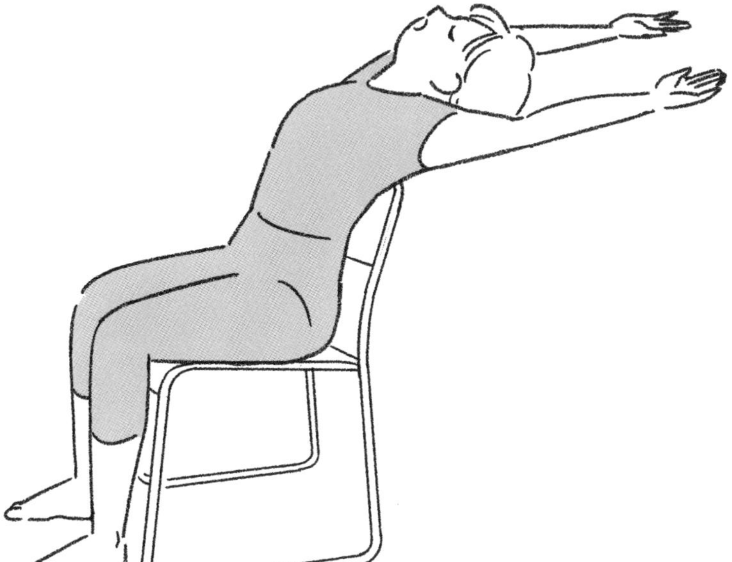

3 ２を５回繰り返す。

\stretch/

お勧めの場面
壁がそばにあるとき

〈日常に取り入れたいストレッチ⑥〉

オフィスでできる脇の下伸ばし

10秒×3回×左右

猫背防止になります

1 壁を正面にして立ち、手を壁にあてる。

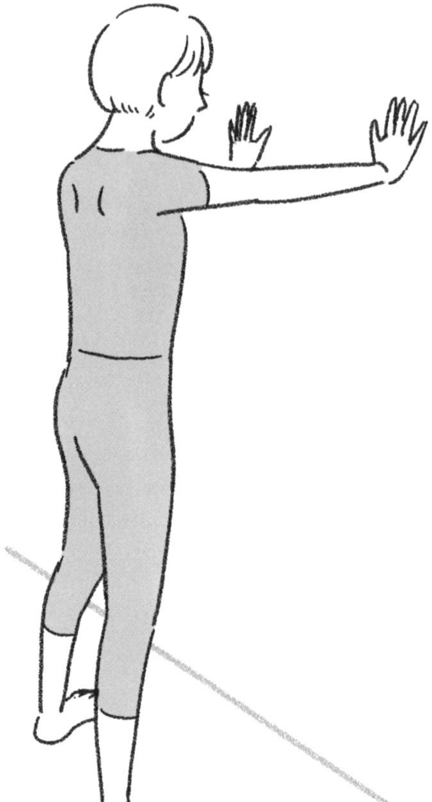

2 右手を左手の上あたりに移動させる。

3 右脇の下を覗くように体を捻り、10秒キープしてから体を元に戻す。これを３回繰り返す。

腕の下から
脇の下までが
伸びればＯＫ

4 反対側も同様に行なう。

\stretch/

お勧めの場面
通勤中

〈日常に取り入れたいストレッチ⑦〉

電車でできる足指グーパー

血液の循環がよくなり、むくみ防止にもなります

1 つり革につかまって立つか、椅子に座る。

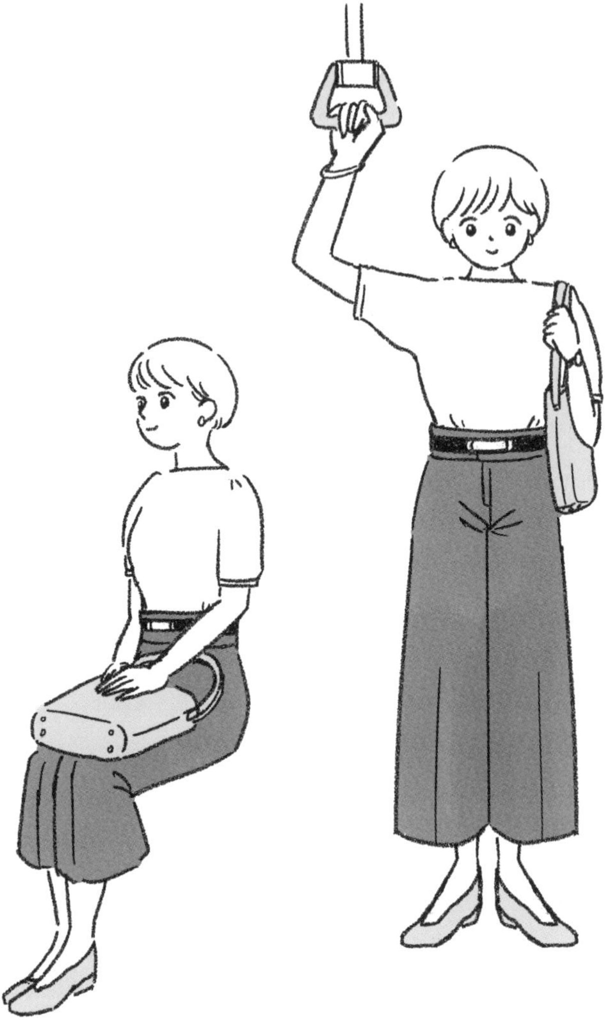

好きなだけ

2 床に踵をつき、
つま先を持ち上げて指をグーパーグーパーとさせる。

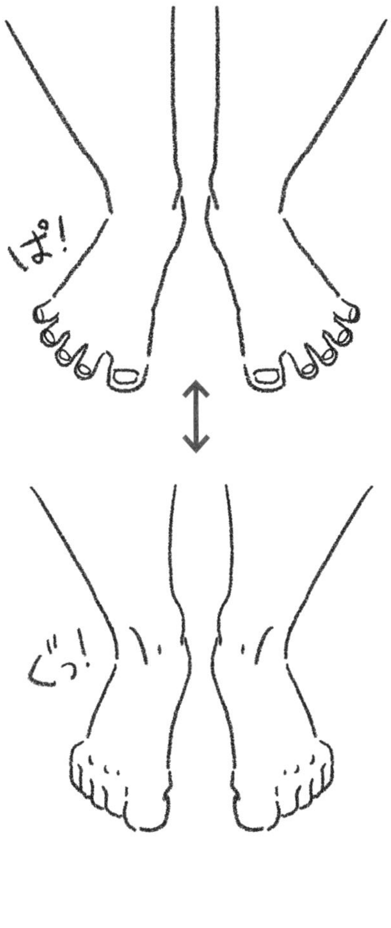

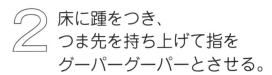

Kakizawa's COLUMN 4

日頃のクセの積み重ねが体を形作る

モビリティ関節やスタビリティ関節、姿勢についてお話ししてきましたが、他にも体の調子を整えるのに重要なことがあります。それは日常生活での悪いクセを正すことです。

例えば、日常的にバッグを片側にかけていると、だんだん体が傾いてきます。椅子に座った際に足を片側ばかりに組んでいると、組んでいる側の股関節のバランスが悪くなってきます。クセで行なっていることが体に悪影響を及ぼしている可能性があるのです。

STAGE2でも話しましたが、体が歪んでいるのは決して悪いことではありません。人の体は歪みがあったとしてもバランスを取り合いながら均衡を保ちます。

しかし、生活習慣の中で同じクセのある動きばかり行なっていると、体はクセのある方向にバランスを崩しやすくなり、結果として体の痛みを引き起こすことがあります。特に、片側だけを使い過ぎるのは危険です。例えば「側弯《そくわん》」と言って背骨が曲がってしまう状態があります。先天的に成長過程で背骨が傾いてしまうこともあれば、後天的に日常生活のクセで傾いてしまうこともあります。これは骨成長が大きく促される小～中学生に多く見られます。

若いうちは体の痛みや疲れはあまり感じませんが、年齢を重ね、筋力や体力の低下が始まると、これらのクセで形成された体の不具合が出ることもあるので注意が必要です。

STAGE 5

不調を解消するストレッチ

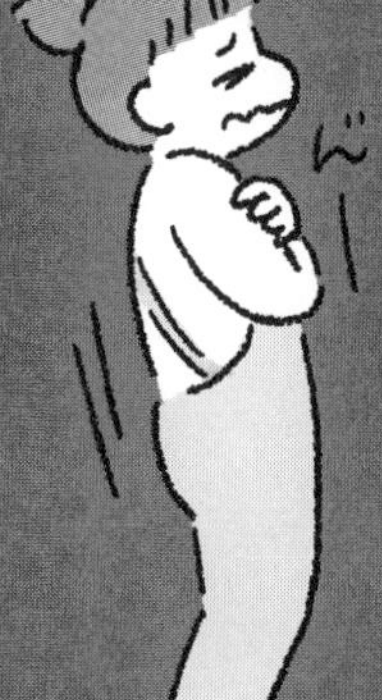

ストレッチで悩みを解決しよう！

梅さんの職場は
ハードワーカー揃い！
体のお悩み満載にゃ！
うーん
うーん
うーん
うーん
たしかに
そこで
出張ストレッチにゃ
みなさんのお悩み聞かせてにゃ！
パチパチ
わーい
おー！

僕はやっぱりずっと座りっぱなしなのがいけないのか腰痛がひどいですね……
俺は逆に外回りが多くて立ちっぱなし。なのに腰痛が……
私は昨日、倉庫整理で重い段ボールを運んだら腰が痛くなっちゃって
腰痛にも色々あるにゃね〜他のお悩みも聞かせてにゃ！
はい！僕は断然肩凝りです！
うんうん！私も！
肩凝りに加えて首凝りも酷いの……

膝が痛い！
だるい！
夜なかなか寝れない！
冷え性！
足がつる！
みんな色々と悩んでたんですね……
人間は大変だにゃ～
全部まとめて
カッキーにおまかせにゃー！！

\stretch/

お悩み

腰痛

〈お悩み解消ストレッチ①〉

重い物を持った後で腰が痛い

重いものを持ち上げて腰が痛くなるのは、前かがみになったことで、腰の中の組織が痛んでしまうからです

1 足を肩幅に開いて立ち、手をクロスして腰骨の付近にあてる。

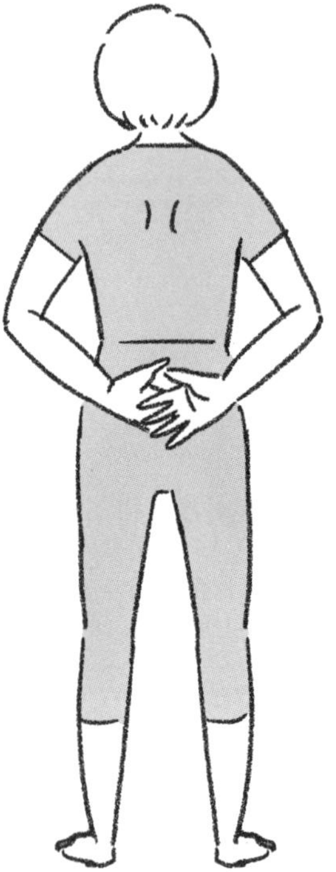

2 あてた手を支点にして息を吐きながら背中を反り（５秒ほど）、楽な状態に戻す。

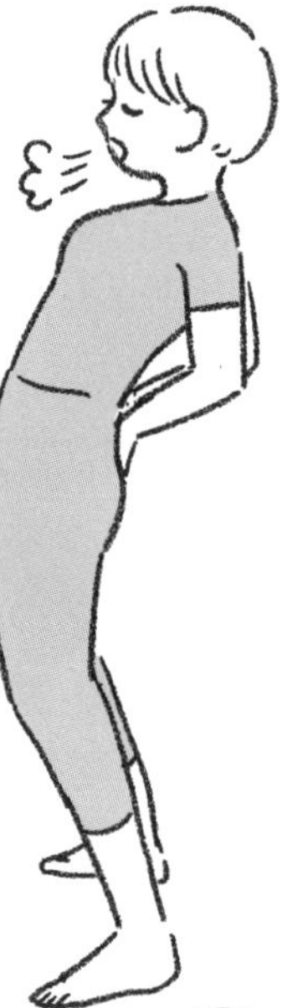

3 ２を５回繰り返す。

5秒×5回

\stretch/

お悩み
腰痛

〈お悩み解消ストレッチ②〉

座りっぱなしで腰が痛い

痛みが出る前の予防策として、30分に一度は立ち上がり、後ろに反ることがオススメです

1 足を肩幅に開いて立ち、右手で左足の指を触るつもりで手を伸ばす。
10 秒キープしたら楽な姿勢に戻す。
これを３回繰り返す。

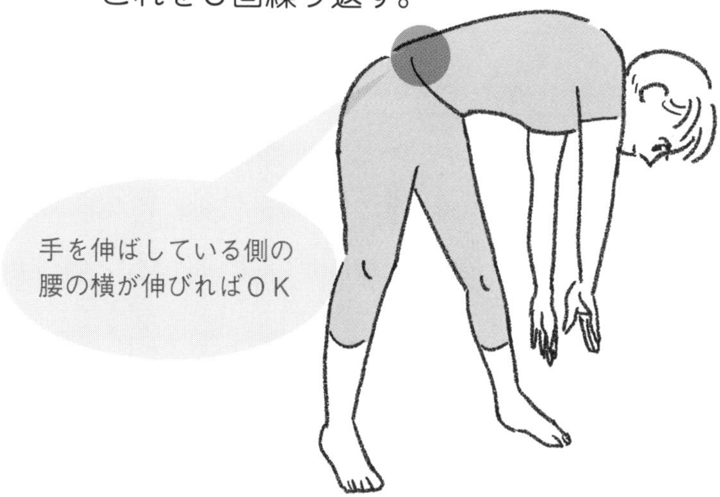
手を伸ばしている側の
腰の横が伸びればＯＫ

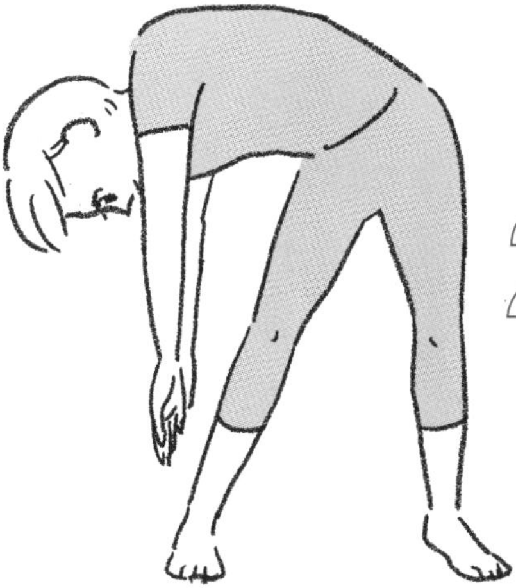

2 反対側も同様に行なう。

10秒×3回×左右

\stretch/

お悩み

腰痛

〈お悩み解消ストレッチ③〉

立ちっぱなしで腰が痛い1

立ちっぱなしでなる腰痛は、反り腰が続くことが原因であることが多いです
体操はできる限りこまめにやりましょう

1 椅子に軽く腰かけ、足を肩幅よりも広く開く。

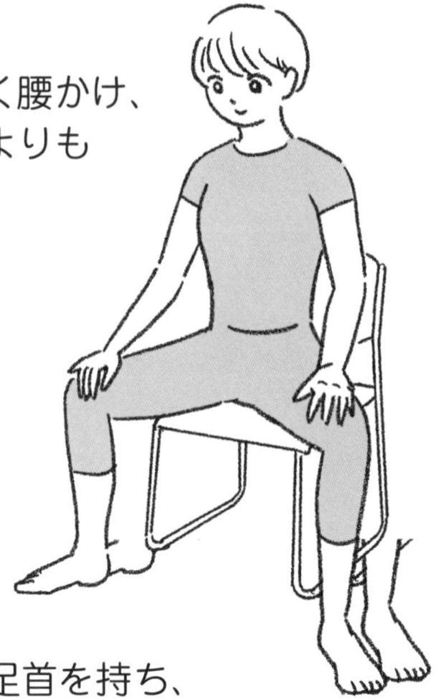

2 両方の手で足首を持ち、股の下を覗き込む。その体勢で10秒キープ。

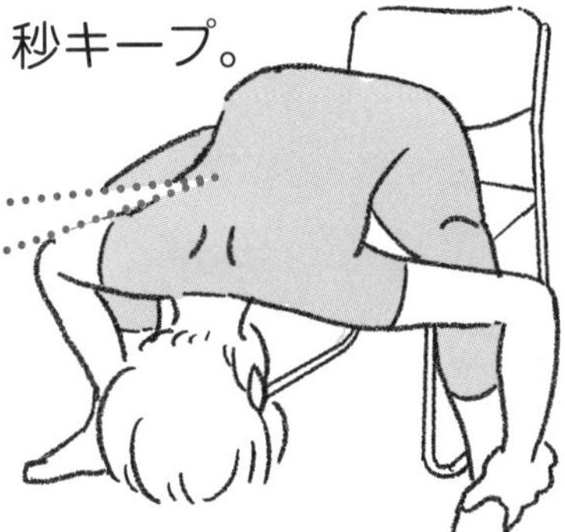

腰椎を支点に曲がるイメージ

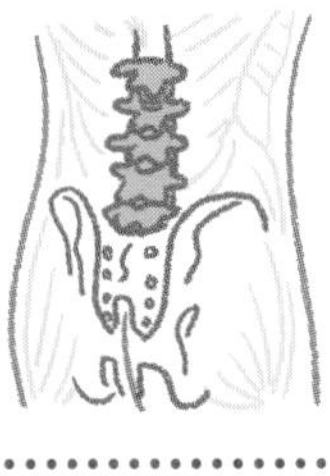

3 1～2を3回繰り返す。

10秒×3回

\stretch/

お悩み
腰痛

立ちっぱなしで腰が痛い2

〈お悩み解消ストレッチ④〉

1 足をそろえて立つ。
膝は軽く曲げる。

2 上半身を倒していき、
膝の後ろで手を組んだ
状態で10秒キープする。

3 1～2を3回繰り返す。

10秒
×
3回

\stretch/

お悩み
肩凝り

〈お悩み解消ストレッチ⑤〉

肩が凝って辛い

1 両手の指を肩にあてる。

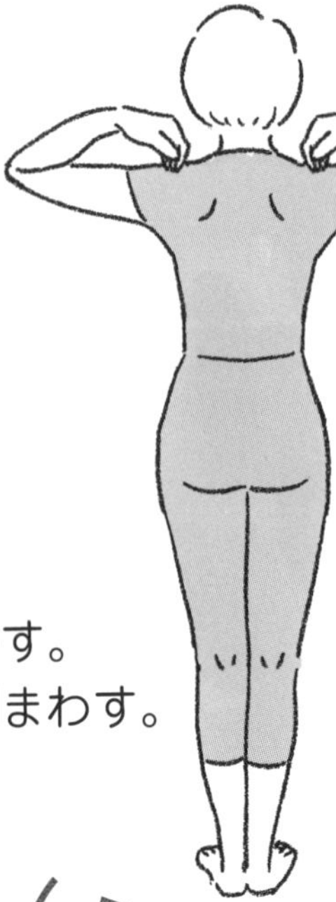

姿勢はある程度まっすぐにしましょう

2 肩と肩甲骨を
後ろに5回まわす。
同様に前に5回まわす。

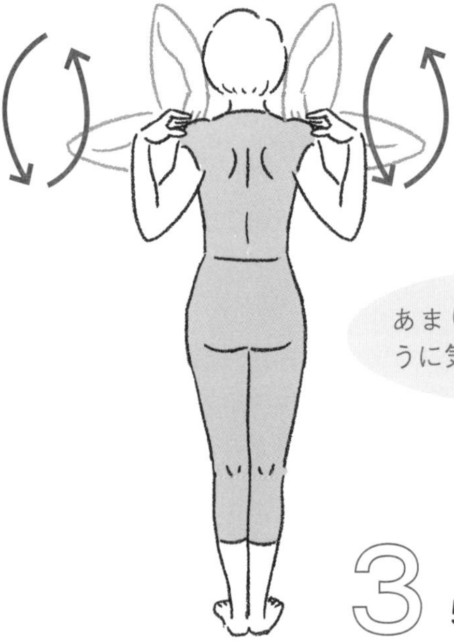

あまり前に首が出ないように気をつけてください

3 1～2を
5回繰り返す。

外・内
×
5回

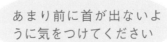

\stretch/

お悩み
首凝り

〈お悩み解消ストレッチ⑥〉

首のつけ根が痛い

1 軽く椅子に腰かけ、手を、水をすくう時のように合わせる。

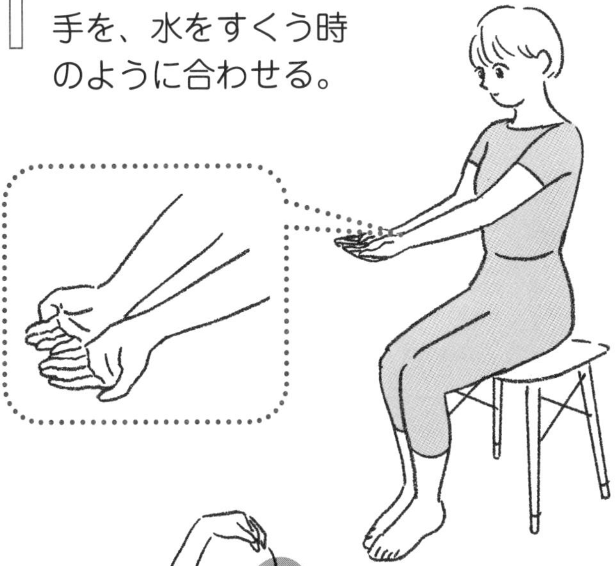

背中が丸まらないように気をつけてください

2 合わせた手で後頭部をさすり、
そのあと下に向けて
ぐーっと引っ張る。
（５秒）

首はデリケートな部分ですので、首の後ろがちょっと伸びているなと感じる程度で十分です

3 2を５回繰り返す。

5秒×5回

\stretch/

お悩み 眼精疲労

〈お悩み解消ストレッチ⑦〉

デスクワーク続きで目が痛い

5秒＋5秒×5回

1 目をグーッと閉じる。
その状態で５秒キープする。

顔のパーツを
中心に寄せる
ことを意識する

2 顔全体を使って目を見開き、
その状態でも５秒キープする。

ぱ!

3 1～2を
５回繰り返す。

\stretch/

お悩み
ほてる

〈お悩み解消ストレッチ⑧〉

ホットフラッシュが辛い

更年期になると血管の開閉をつかさどる自律神経がうまく働かなくなってしまうので、ストレッチで大きな動脈を伸ばし、緩めてあげることが有効です

1 壁から1ｍくらい離れたところに立ち、手を伸ばして、肩より高い位置につく。

膝を軽く曲げて立つ
足は肩幅くらいに開く

脇と背筋が伸びる感じがあればＯＫ

2 背筋と肘は伸ばした状態で、20秒かけて頭からお辞儀していく。

3 1～2を３回繰り返す。

20秒×3回

P82～85のストレッチも効きます

\stretch/

お悩み
膝痛

〈お悩み解消ストレッチ⑨〉

O脚やがに股で膝が痛い

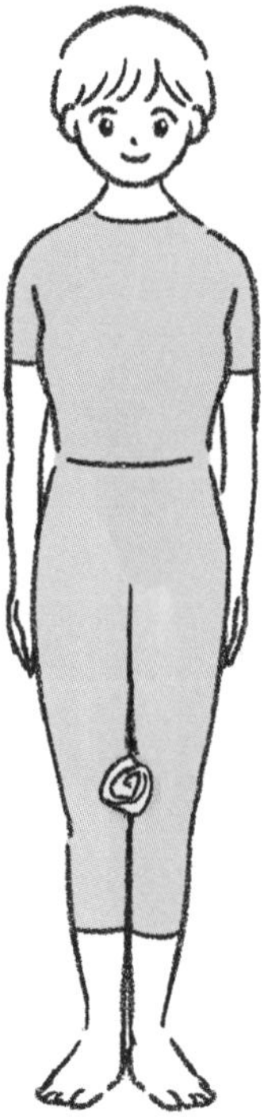

1 膝にタオルを挟んだ状態で、踵をつけ、つま先は45度くらいに開いて立つ。

椅子に座って行なっても良いでしょう

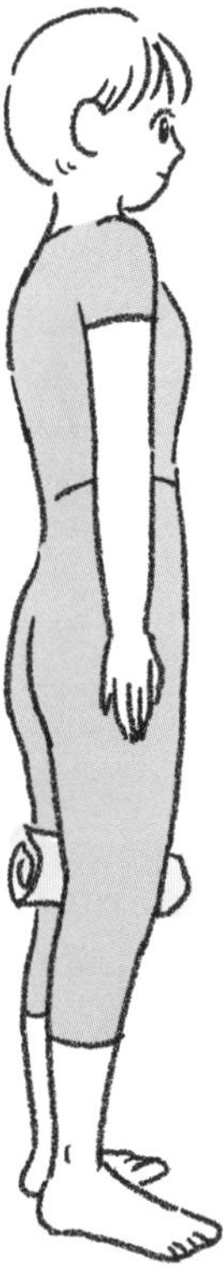

2 膝に挟んだタオルを潰すように膝の裏側をつけるようにとじる。
同時にお尻の穴をすぼめてお尻に力を入れ、さらに腹筋にも力を入れる。
この状態で5秒キープ。

3 2を5回繰り返す。

5秒×5回

\stretch/

お悩み
倦怠感

〈お悩み解消ストレッチ⑩〉

自律神経が乱れ倦怠感がある

1 みぞおちの下から拳1個分のところ（十二指腸）に両手の指を3本そえる。

2 そこから、おへそから拳1個分下（大腸、小腸）にかけて、横、縦、円を描くようにマッサージをする。（10秒程度）

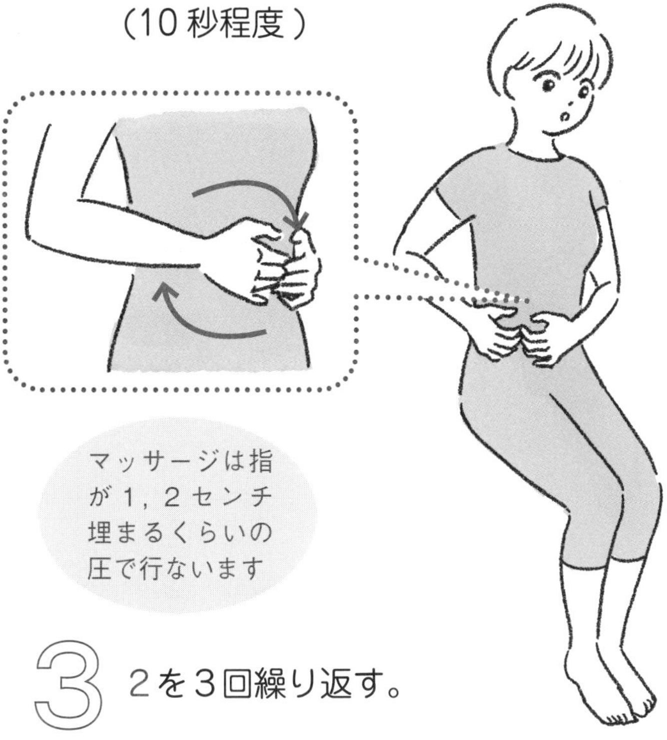

マッサージは指が1，2センチ埋まるくらいの圧で行ないます

3 2を3回繰り返す。

10秒×3回

自律神経が内臓をつかさどっているため、腸をマッサージすることで自律神経を整え、交感神経を副交感神経に切り替えると体がＯＦＦモードになり、リラックスできるようになります

\stretch/

お悩み
不眠

眠れない

〈お悩み解消ストレッチ⑪〉

1 こめかみから耳たぶの上の位置こぶし一つ分くらいの場所に親指以外の指を４本あてて、上下に動かす。(20 秒)

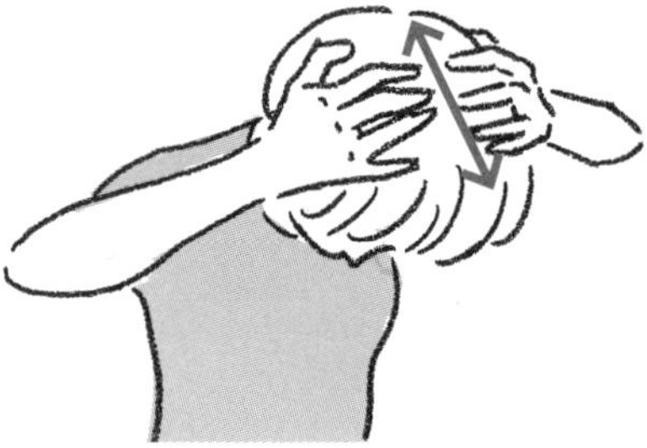

2 同様に頭頂部から額にかけて真ん中に指を４本をあて、縦に動かす。(20 秒)

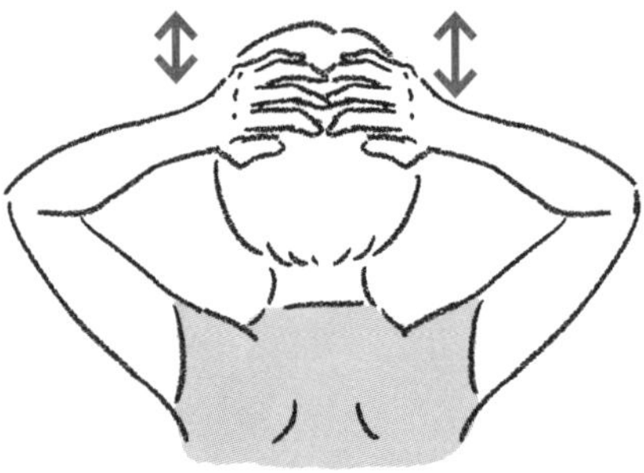

3 頭頂部の下側の部分にも指３本あてて動かす。(20 秒)

20秒
×
3か所
×
3回

4 1～3を３回繰り返す。

\stretch/

お悩み
倦怠感

〈お悩み解消ストレッチ⑫〉

寝起きが怠《だる》い

1 仰向けに寝転んで、
両足を直角に曲げ、浮かせる。

2 そのまま体の横に足を倒す。
その姿勢を５秒キープした後
反対側に足を倒し、
再び５秒キープする。

足を倒すときは息を吐きましょう

3 １～２を５回繰り返す。

5秒＋5秒
×
5回

P108-109のストレッチも効きます

\stretch/

お悩み
冷え性

〈お悩み解消ストレッチ⑬〉

冷え性が辛い

ふくらはぎのエクササイズを行なうことで心臓への血液の循環を良くします

1 壁に向かって立ち、足は肩幅に開く。

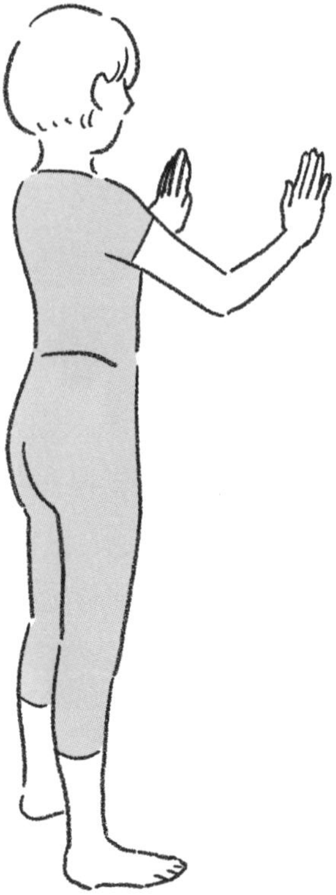

2 手を壁につけ、つま先立ちをし、そこで5秒キープし、元に戻す。

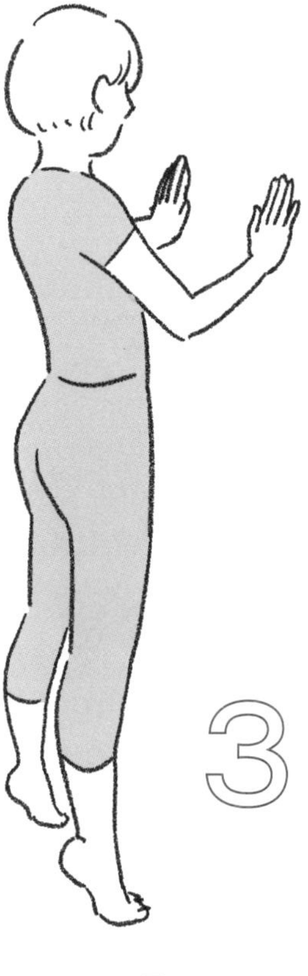

3 つま先立ち、戻す、つま先立ち、戻す、をリズムよく10回繰り返す。

4 2〜3を3回繰り返す。

5秒＋10回×3回

\stretch/

お悩み
足がつる

〈お悩み解消ストレッチ⑭〉

老廃物が残って足がつる

お風呂上りがベストタイミング！

1 椅子などに座り、手で足の裏をマッサージします。

テニスボールやゴム製のボール（なければ空き瓶でも可）を足裏に押しつけるのも効果的です

踵から指先まで、
好きなだけやって大丈夫です

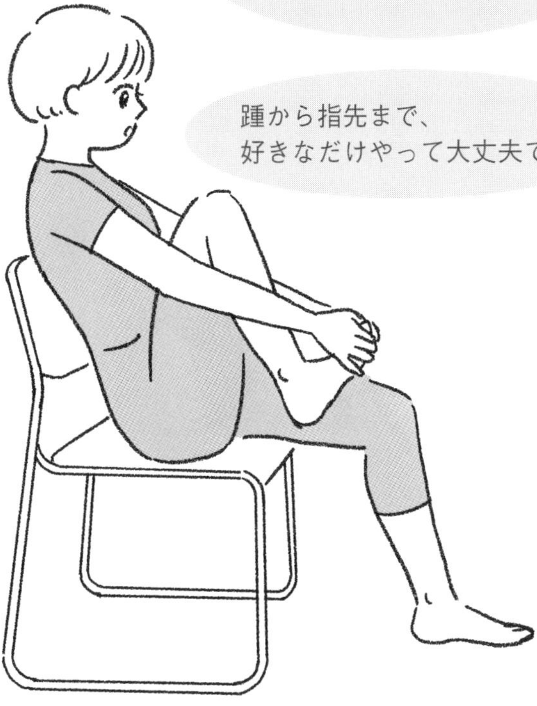

カリウム不足で足がつることもあります。心当たりがある方は豆腐や納豆などの大豆食品、にがりなどを摂取しましょう

2,3分×両足

著者 おわりに

この本をお手にとっていただき、ありがとうございます！

私は、元々の運動嫌いと、仕事の忙しさに感《かま》けて自分の体はほっときっぱなし、気付いたらいつもどこか体が不調という状態でした。

それでも運動に対する苦手意識が抜けずにいましたが、ストレッチがこんなに気持ちの良いものだったとは！　運動＝きつくて嫌なことだと思っていたので意識改革がありました。

私と同じように運動に苦手意識のある方に少しでも寄り添える本になっていたら嬉しいです！

これでようやく人間らしく運動できるようになってきたので、不健康人間に戻らないように続けて、当たり前の習慣にしていけたらと思います。

最後まで読んでくださり、ありがとうございました。

梅野めう

かつての私
もう1ミリも
うごけません…

監修者 おわりに

数ある健康本の中から本書を手に取っていただきありがとうございます！

私は、体の構造に精通した理学療法士として、現場で多くの体の不調に悩まれている方と向き合ってきました。

運動習慣を身につける指導を行なうこともあるのですが、梅野さんのように運動を極端に避けようとする方は少なくありません。

健康面から見れば運動を行なったほうがいいことは各種データでも出ていますが、苦手なものや興味のないことを無理にやれと言うほうが私は不親切に思います。

そこで、本書では、そんな体が硬くて運動が苦手な方でも気軽に取り組めるようなストレッチを、体の調子に合わせて段階を踏んで取り組めるようにご紹介しました。

本書の中のストレッチや筋トレを1つでも実践して、「何だか気持ち良いな」「体が楽になる」という感触を得ることで、まずはご自分の体に興味を持ってもらい、ストレッチに対してポジティブなイメージを持っていただければ幸いです。

また、本書は現在の体の悩みを解決することと将来に向けた予防の観点で監修を行ないました。

体の不調は大概はすぐに出るものではありません。日常生活の何気ないクセなどがチリも積もれば山となり、その山が崩れた時に「症状」や「困りごと」として現れます。そしてこれらは、知っていれば未然に防げることも多いものです。

「あの時、このストレッチを知って続けていたから体が楽だ」というような人生を変える出会いに繋がれば、私も理学療法士冥利に尽きます。

最後までお付き合いいただきどうもありがとうございました。

柿澤健太郎

【著者略歴】

梅野めう（うめの・めう）

デスクワークの兼業イラストレーター。一日中机にかじりついている。
30代になってから増え続ける体の不調におびえているが、解決方法を見いだせないでいた。運動が苦手で、高校の体育の授業以降、きちんと運動をした記憶がない。

【監修者略歴】

柿澤健太郎（かきざわ・けんたろう）

2009年、理学療法士免許取得。 整形外科病院、訪問リハビリ、心身障がい者施設にて延べ1万回以上の施術経験を有する。2015年、「日本の技術は世界で通用するか？」を証明するべく、世界20カ国500人以上に施術し各国で効果を示し帰国。培った経験と知識をもとに、1人1人の状態に合った原因追究や自律神経の観点から不調を解消する施術を展開。
現在は培った体の知識とケアの仕方を企業の健康経営サービスとして広めるべく合同会社Spotlightを創業。社内でのヘルスケアセミナー、商品監修、開発を多く手掛ける。
著書「心と体がらくになる自律神経の整え方」（彩図社）

https://pt-spotlight.com →
kakizawa@pt-spotlight.com

めちゃ硬さんのための誰でも柔らかくなるストレッチ

2021年8月18日　第1刷

著　者　梅野めう

監　修　柿澤健太郎

発行人　山田有司

発行所　株式会社　彩図社
東京都豊島区南大塚3-24-4
MTビル　〒170-0005
TEL：03-5985-8213　FAX：03-5985-8224

印刷所　シナノ印刷株式会社

URL　https://www.saiz.co.jp　https://twitter.com/saiz_sha

 ISBN978-4-8013-0535-9 C0077